낙하산인사

낙하산인사

나카노 마사시 지음

임성근 · 안창현 옮김

小花

차례

제2장 낙하산인사는 왜 발생하는가

제3장 부처별 낙하산인사 실태

제4장 고위 공무원의 낙하산 인생

제5장 낙하산인사의 폐해

제6장 고위 공무원의 본심

제7장 낙하산인사를 수용하는 민간 기업, 특수법인, 공익법인

제8장 낙하산인사는 뿌리 뽑힐까

종장 건설적 논의를 위하여

서장

화려한 제2의 인생을 꿈꾸며

2007년 1월 하순, 나는 도쿄 한복판에 있는 국회의사당에서 가까운 호텔 로비에 있었다. 왠지 모를 들뜬 마음으로 로비를 이리저리 서성이며 거물급 정치인의 비서를 기다리고 있는 참이었다. 그 비서는 낙하산인사에 대해 상의하고 싶다며 만나자고 했다.

'대체 무슨 이야기를 하고 싶다는 거지?'

그런 생각을 하며 나의 공무원 시절을 떠올려 보았다.

나는 국가공무원 1종 시험에 합격해 노동성지금의 후생노동성에 들어갔다. 이른바 출세가 보장된 고시 출신 공무원이었다. 그러나 도쿄대학교 법대 출신이 아닌 나의 첫 직장은 오사카 근처의 시청이었다. 즉 지방공무원이었던 나는 시청 직원으로 일하며 국가공무원 1종 시험을 준비해 국가공무원으로 자리를 옮긴 것이다. 일본의 관청가로 불리는 가스미가세키에서 일하는 고시 출신 공무원 중에서 보기 드문 경력이라고 할 수 있다. 내가 노동성에 들어갔을 때는 버블 경제가 한창이던 1990년이었다.

노동성에 들어간 첫해, 그러니까 아직 아무것도 모르는 신입 시절 이런 일이 있었다. 몸집이 좋은 비고시 출신 상사가 전화로 당당하게 이런 말을 하는 것이었다.

"19××년에 들어온 고시 출신 관료란 말입니다. 이미 나이가 차버렸어요. 차도 필요 없고 사택도 필요 없습니다. 월급은 많지 않아도 된다니까요."

그는 부서 내에서 능력을 인정받는 사람이었다. 신입인 내 눈에는 조끼까지 차려입은 정장 차림의 그의 모습이 마치 취조실의 형사처럼 보였다. 사실 그때는 그 상사가 무엇을 하고 있는지 잘 몰랐지만, 지금 생각해 보면 처음으로 목격한 낙하산인사 '알선'이었다.

그 뒤 낙하산인사를 받아들이는 법인예를 들어 대형 건설사과 일을 해보기도 했고, 낙하산으로 내려간 전직 고위 공무원이 로비를 위해 노동성에 찾아오는 경우를 심심찮게 목격하기도 했다. 이에 대한 자세한 이야기는 차차 하겠다.

내가 공무원을 그만둔 이유

나는 노동성에 들어간 지 4년 만에 계장으로 승진했다. 그리고 2년 동안 미국 미시간대학교 대학원에 유학을 다녀왔다. 귀국한 뒤 일본 북서 지방의 도청에 파견을 나가 정보정책과장으로 일했다. 나는 도쿄대학교 법대 출신은 아니었지만, 학벌에 밀려 손해를 본다고는 생각하지 않았다. 오히려 국가공무원으로 좋은 조건에서 일한다고 여겼다.

그러나 상황이 좋은 것은 결코 아니었다. 우선 후생성에서 대형 뇌물 수수 사건이 터졌다. 당시 오카미쓰 후생성 사무차관이 복지 시설에 편의를 봐주는 대가로 거액을 챙긴 뇌물 수수 사건으로 떠들썩했다. 또 대장성 공무원에 대한 과잉 접대가 드러났다. 버블 경제의 붕괴로 국가공무원에게 매서운 비판이 몰아치던 때라 정부 부처에는 침울한 분위기가 가득했다. 자살하는 공무원이 늘어났고, 그만두는 젊은 공무원이 속출했다.

사실 국가공무원 14년차인 나도 그중 하나였다. 그때 나는 후생노동성 대신관방 중앙 부처의 부서로 총무국에 해당한다 — 옮긴이 주 국제과 과장보좌였다. 1~2년만 버티면 관리직으로 올라갔을 수 있었지만, 사직서를 냈다. 내가 왜 국가공무원을 그만두었을까?

처우에는 특별히 불만이 없었다. 국가공무원의 봉급은 외국계 회사에 비하면 낮다. 그러나 공무원 숙사 등 복리후생까지 고려해 가처분소득으로 보면 그리 나쁘지 않다. 세상 사람들은 낙하산인사를 비롯해 평생 보장받은 소득이 높다고 생각할지 모른다. 하지만 국가공무원이 낙하산인사를 의식하게 되는 것은 기껏해야 퇴직 직전이다. 게다가 우리 세대에는 낙하산인사 시스템은 이제 얼마 못 갈 것이라는 공감대가 있어 낙하산인사로 좋을 곳에 갈 때까지 버티자는 의식이 사라진 지 오래였다.

그렇다고 승진 경쟁에서 벽에 부딪힌 것도 아니었다. 잘 알려진 것처럼 국가공무원은 도쿄대학교 법대 출신이 대우받는 사회다. 나처럼 도시샤대학교 영문학과 출신에 지방 시청을 거친 사람은 시작부터 꽤나 불리할 수밖에 없다. 그러나 사실 학력 차별을 거의 느끼지 못했다. 사무차관까지는 어려울지 모르지만, 심의관까지는 무난히 올라갈 수 있다고 생각했다.

내가 공무원 생활에 염증을 느끼게 된 까닭은 크게 두 가지가 있다.

첫째는 시키는 대로 해야 하는 업무가 너무 많아 일반인이 생각하는 만큼 국가공무원이 중심이 되어 정책을 추진하고 있다는 생각이 들지 않았다. 관료주도, 즉 국가공무원이 정책을 주도한다고 실감한 적이 없었다. 분명 자민당 집권 시절에는 정부 부처가 주도적으로 정책을 기안해 추진했으나, 그만큼 희생이 따랐다. 정부 부처의 방침이 정치권에게 트집 잡히지 않도록 여야 의원에게 머리를 숙여 가며 사전 협의를 해야 하는 등 관료주도의 이면에는 방대한 업무가 도사리고 있었다. 게다가 대부분이 쓸데없는 사전 협의나 조정이었다. 그런 일을 통해 지식이 풍부해지고 전문가가 될 것이라는 생각이 전혀 들지 않았다.

두 번째 이유는 조직의 일원이 아니라 내 능력으로 일해 보고 싶은 생각이 들었기 때문이다. 중앙 부처에 근무하면서 이상하게 여긴 것은 일본의 엘리트 공무원들은 앞에 나서지 않고 그림자 같은 역할만 하고 있는데도 아무런 불만이 없는 듯 보인다는 점이었다. 머리가 굉장히 좋은 사람임에도 불구하고 이름 없이 그림자 같은 역할을 하면서 보고서와 자료를 작성하여 모든 공은 대신에게 돌리는 데에 기쁨과 만족을 느끼고 있는 것처럼 보였다. 그저 엘리트 조직의 일원으로 만족하는 것 같았다.

엘리트 공무원은 거만하다고 말하는 정치인이 있지만, 자기현시라는 관점에서 보면 국가공무원은 분명 겸허한 사람들이다. 일을 할수록 사회, 정치, 행정에 대한 불만이 커져 갔다. 또한 자신의 생각이나 의견을 세상에 알리고 싶다는 생각이 커져만 갔다. 이를 위해서는 자유롭게 말할 수 있는 직업을 가질 필요가 있었다. 그래서 학자, 연구소, 평론가, 정치인 등을 염두에 두게 되었다.

피나는 재취업 활동

국가공무원 14년차 과장보좌에게 재취업을 알선해 줄 정도로 정부 부처는 할 일 없는 곳이 아니다. 물론 나는 도움을 받고 싶은 마음이 눈곱만큼도 없었다. 대학원 박사과정에 다니면서 부지런히 논문을 썼고 물론 근무시간 외에 교수 공모에 계속해서 지원서를 냈다. 최근의 교수 채용은 공모가 일반적이다. 그러나 실제 채용에서는 여전히 인맥이 중시되고, 게다가 1명밖에 뽑지 않기 때문에 지금 근무하고 있는 대학에 채용되기까지는 정말이지 길고 긴 여정이었다. 다른 직장을 찾겠다는 일념으로 홋카이도에서 오키나와까지 아마 1백 개가 넘는 대학에 서류를 보낸 것 같다. 그 과정에서 면접도 몇 차례 치렀다.

면접관 중에는 비상식적인 교수도 있었다. 무엇보다 마흔 가까운 나이에 부탁하고 다니기란 그리 즐거운 일이 아니었다. 한 분야에서 어느 정도 경력을 쌓고 나면 누구나 머리를 숙이기가 어려워지는 법이다. 더욱이 당시 나는 체중이 95킬로그램이나 나갔으니 대머리에 배불뚝이 중년이 머리를 숙여 가며 면접을 보러 다니는 모습을 상상해 보라. '인생이란 이런 거야'라고 자녀에게 보여 줄 만큼 강인한 사람이 아니었다.

항상 마음 한구석에는 일본에서의 이직 활동이란 허리를 굽히며 다른 직장을 비집고 들어가는 것이라는 생각이 들었다. 그런 힘겨운 기간이 이어졌지만, 재취업은 좀처럼 결정되지 않았다.

사실 공무원 중에는 나와 비슷한 생각으로 이직하는 공무원이 적지 않다. 자신의 경험, 지식, 인맥을 이용해 자립해 보겠다는 사람들이다.

다양한 제2의 인생

내 경우와는 달리 50대 중반까지 근무하는 공무원은 대부분 부처에서 알선하는 관련 단체 특수법인, 공익법인 나 부처와 거래하는 민간 기업으로 자리를 옮기는 것이 일반적이다. 이것을 '낙하산인사'라고 부른다. 주변의 많은 선배 공무원이 이런 고용 관행에 따라 재취업을 했다.

노동조건을 보면 그들은 제2의 인생을 통해 분명 다양한 혜택을 받는다. 특수법인 등에 가면, 자기 집무실에서 한가롭게 신문을 읽고 있는 전직 공무원을 자주 보게 된다. 더욱 심한 경우는 낙하산인사를 몇 번이나 되풀이하면서 그때마다 퇴직금을 챙기는 사람이다. 이것이 바로 '메뚜기인사'다. 그 중에는 내가 아는 사람도 있는데, 그는 후생노동성에서 몇 번이나 낙하산인사를 거듭해 여든 살이 지나서도 부처에 영향력을 행사하고 있다.

하지만 이러한 우아하고 달콤한 낙하산인사는 사무차관이나 국장급에 한정된다. 과장급 이하 공무원이 낙하산으로 이직하는 경우에는 어딘지 모르게 쓸쓸함마저 느껴진다. 소규모 공익법인에 가는 선배를 보면서 '공무원의 전성기는 현역 시절'이라고 동기들과 나누었던 이야기를 떠올린다. 공무원을 그만두면 더 이상 보람 있는 업무를 하지 못할 것이라는 생각이 마음 한쪽에 자리 잡고 있기 때문일 것이다. 또한 소속 기관에서 알선해 준 곳을 뛰쳐나와 자기가 하고 싶은 일을 시작하는 선배도 있었다.

말하자면 관료에게는 다양한 제2의 인생이 있는 것이다. 겉은 똑같은 낙하산인사지만, 속을 들여다보면 내용은 천차만별이다. 모든 공무원이 낙하산으로 제2의 인생을 찾는 것이 아니다.

물론 구조조정이나 도산 등에 대한 불안이 없다는 것만으로도 공무원은 혜택을 받고 있다. 파견, 계약 노동 등 비정규직의 비율이 30퍼센트를 넘어선 고용 현실을 고려하면, 파격적인 대우라고 할 수 있다. 이에 '이런 양극화 사회에서 말도 안 되는 특권'이라고 분노하는 사람의 심정을 나도 이해하지 못하는 것은 아니다.

그러나 한편으로 나 자신의 실제 경험과 공무원의 이야기를 바탕으로 말하면, '왜 공무원에 대해서만 제2의 인생을 그렇게 물고 늘어지는 것일까?' 하는 조금은 모순된 생각을 떨쳐 버릴 수가 없다. 정치인이 낙하산인사를 근절시키겠다고 선언하면 멋지게 들릴지 모르지만, 도대체 실태와 구조를 얼마나 알고 하는 말일지 고개를 갸우뚱거리게 되는 것이 사실이다.

그런 의미에서 나는 낙하산인사에 대해 중립적인 사람이라고 말할 수 있지 않을까. 낙하산인사가 빈번하고 이런저런 규제가 가해져도 여전히 없어지지 않는 데에는 역사적인 경위와 구조적인 이유 그리고 나름대로 합리성이 있기 때문이다. 이 책의 목적은 이를 밝혀 낙하산인사에 대한 냉철하고 건설적인 논의의 토대를 마련하는 데 있다.

객관적으로 대면한 낙하산인사

이제 처음의 이야기로 돌아가도록 하자. 내가 국회의사당에서 가까운 호텔에서 만난 사람은 당시 아베 신조 내각에서 행정개혁담당 대신을 맡고 있던 와타나베 요시미 중의원 의원의 비서였다. 내가 쓴 책을 읽었다면서 낙하산인사 등 공무원제도 개혁 방안을 도와 달라고 부탁했다.

이후 공무원제도 개혁을 추진하며 국가공무원으로부터 강한 저항을 받았던 와타나베 대신, 도로공단 개혁으로 유명한 다나카 가즈아키 다쿠쇼쿠대학교 명예교수를 중심으로 비밀리에 소규모 연구회를 시작했다. 내각부의 한 사무실을 사용하여 비밀회의를 빈번히 가졌다. 바쁜 시간을 쪼개면서까지 직접 참석한 와타나베 대신의 열의 속에서 진행된 연구회를 통해 나는 낙하산인사 문제와 좀 더 객관적으로 대면하게 되었다.

2007년 7월부터는 낙하산인사를 논의하는 '민관인재교류센터 제도설계 간담회'관방장관 주최의 위원이 되었으며, 후쿠다 야스오 내각과 아소 다로 내각에서는 '국가공무원제도 개혁 추진본부'뒤에 고문회의 워킹 그룹의 위원으로 낙하산인사를 포함해 공무원제도 개혁에 관여했다.

개혁을 위해서는 실태를 정확하게 파악해야 한다. 뒤에서 밝히겠지만, 사실 낙하산인사의 실태를 쉽게 파악할 수 있는 데이터는 거의 없다. 하나하나 자료를 찾고 점과 점을 이어 간 후에야 겨우 윤곽이 드러났다. 이러한 작업을 진행하는 동시에 낙하산인사를 경험한 전직 사무차관이나 현역 고위 공무원의 다양한 증언을 통해 그들의 속사정을 들을 수 있었다.

매스미디어의 보도에서는 사악한 공무원이 기득권을 지키기 위해 발버둥치는 모습만 보이지만, 그렇게 간단한 문제가 아니라는 사실을 깨달았다. 2009년 낙하산인사 근절을 외치는 민주당이 중의원 총선거에서 대승을 거두었다. 과연 민주당의 주장대로 낙하산인사를 근절시킬 수 있을까? 아니면 모양을 바꾸어 존속될까?

자주 나오는 용어

본론에 들어가기 전에 일본의 공무원과 관련된 용어를 간단하게 해설해 보겠다. 우선 공무원에는 두 종류가 있다. 국가공무원과 지방공무원이다. 국가공무원은 재무성이나 경제산업성 같은 중앙 부처에 근무하는 사람들과 고용지원센터나 세무서 등 국가 직할 기관에 근무하는 사람들로 나뉘는데, 일반적으로 채용 시험과 최종 직위로 불린다.

채용 시험의 경우, 도쿄대학교 법대 출신이 다수를 차지하는 국가공무원 1종 시험 합격자는 '고시 출신 · 관료 · 고시 출신 관료'라고 불린다. 이에 비해 국가공무원 2종과 3종 시험에 합격한 사람들은 '비고시'라고 불린다.

최종 직위를 바탕으로 분류한다면, '과장 · 기획관급 이상'이 인사노무 관리의 경계선이 된다. 이들은 일반적으로 '고위 관료 또는 고위 공무원'으로 불린다. 참고로 과장보다 높은 직급에는 심의관, 국장, 사무차관이 있다. 이런 의미에서 고시 출신과 고위직 공무원이 반드시 동일한 것은 아니다. 비고시 출신이라도 과장 이상의 고위직에 올라가는 경우가 있다.

고위 공무원은 국가공무원 가운데 극히 일부다. 정부 부처에 근무하는 공무원 중 과장보좌나 계장으로 사직하는 사람이 있다.

또한 지방에는 많은 직할 기관이 있는데, 거기에서 일하는 공무원 대부분은 비고시 출신이다. 예를 들어 사회보험사무소 창구에서 일하는 사람, 앞에서 언급한 고용지원센터에서 상담에 나서는 사람, 세무서 직원 등이 그렇다.

한편 지방공무원은 광역 지방자치단체지자체 청사에 근무하는 공무원과 기초 지자체 사무소에 근무하는 공무원으로 나뉜다. 이들은 지방공무원법의 적용을 받으므로 지방공무원이라는 명칭으로 묶을 수 있다.

국가공무원이든 지방공무원이든 공무원 전체를 가리키는 경우에는 '공무원', '공직자'라는 명칭을 사용한다. 조금 입이 거친 사람은 '말단 관리', '악덕 공무원'이라는 호칭을 사용하는 것 같다. 이 책의 분석 대상은 국가공무원이므로 특별한 언급이 없이 '공무원' · '공직자'라는 명칭을 사용할 때에는 국가공무원을 가리킨다.

마지막으로 이 책에는 다양한 중앙 부처가 등장한다. 하시모토 류타로 내각이 추진한 정부 조직 개편으로 명칭이 바뀐 곳이 많아 명칭 사용이 약간 복잡해졌다. 낙하산인사의 특징은 부처에 따라 다르기 때문에 현장감을 살리기 위해 이 책에서는 개편 이전의 옛 부처명을 사용하기도 한다. 참고로 정부 조직 개편에 따라 대장성은 재무성으로, 통산성은 경제산업성으로, 자치성과 우정성 · 총무청은 통합되어 총무성으로, 건설성 · 운수성 · 국토청은 통합되어 국토교통성으로, 후생성과 노동성은 후생노동성으로, 경제기획청은 내각부로,

방위청과 환경청은 각각 방위성과 환경성으로 명칭이 바뀌었음을 밝혀 둔다.

제1장

낙하산인사의 확산

낙하산인사는 공무원에게만 있는가

낙하산인사가 세상을 시끄럽게 하고 있지만, 그것이 구체적으로 무엇을 의미하는지는 명확하지 않다. 결론부터 말하자면, 낙하산인사의 통일되고 명확한 정의는 아직 없다. 내가 공무원제도 개혁 관련 회의에 참석했을 때 저마다 낙하산인사를 다르게 정의하고 있는 것을 보고 낙하산인사에 대한 논의의 출발점이 제각각이라는 생각이 들었다.

그렇다면 낙하산인사란 무엇일까?

낙하산인사라는 말에서 알 수 있듯이 당연히 인사와 관련된 문제다. 인사이기는 하지만 채용이나 승진이라는 긍정적인 의미를 갖지 않고 부정적인 느낌을 담고 있다. 일반적으로 낙하산인사는 파견이나 이직과 관련된 용어이기 때문이다. 특히 퇴직 후 이직 문제와 함께 사용되는 경우가 많다. 그것도 능력이나 경험에 의한 재취업이 아닌 커넥션, 돈, 비즈니스 등을 먹이로 반강제적 수단으로 강요하는 재취업이다. 따라서 이 책에서는 낙하산인사를 '조직을 통한 재취업 알선'으로 규정하고 이야기를 진행하고자 한다.

이렇게 낙하산인사를 정의하면 바로 떠오르는 것이 있다. 결코 공무원 세계에 한정된 이야기가 아니라는 점이다. 예를 들어 대기업이 중장년층 사원이나 임원을 관련 회사나 자회사로 내려보내는 경우는 흔히 있다. 지자체에도 낙하산인사가 존재한다. 여러 가지 불미스러운 일로 갑자기 유명해진 오사카의 경우, 2006년 과장급 이상으로 퇴직한 313명 중 220명이 재취업하여 재취업률은 70퍼센트가 넘는다. 낙하산인사는 정부나 민간 기업을 불문하고 일본 전국에서 벌어지고 있다.

그렇지만 낙하산인사는 역시 중앙 부처에 많으며, 국가공무원의 전매특허라는 이미지가 강하게 있다. 도대체 어떤 점이 다를까?

또 다른 문제는 알선의 내용이나 정도와 관련된 것이다. 정년을 앞둔 사원의 재취업을 알선하는 기업은 많이 있다. 이 또한 정부 부처나 공무원에 한정된 것은 아니다. 그러나 알선에는 단지 재취업하는 사람의 프로필을 상대에게 전달하는 경우가 있는가 하면, 재취업처와 노동조건에 대한 협의까지 소속 부처에서 대행하는 경우가 있다. 또한 이 사람을 받아 주면 이러한 대가가 있다고 약속하기도 한다. 알선은 다양하다. 그리고 소속 부처의 경우, 알선의 내용은 블랙박스에 담겨 있어 파악하기가 매우 어렵다.

이 장에서는 데이터를 이용해 공무원 낙하산인사의 실태를 간단하게 파악하고자 한다. 이어 지자체나 민간 기업의 낙하산인사를 살펴볼 것이다. 빙빙 도는 것 같지만, 이를 통해 공무원 낙하산인사의 특징이 더욱 분명하게 드러나지 않을까 생각한다.

낙하산인사의 존재를 인정하지 않는 정부

어느 부처의 누가 어떤 곳으로 내려갔는지, 낙하산인사와 관련하여 축적된 풍부한 데이터는 없다. 정부가 낙하산인사의 존재를 인정하지 않기 때문이다.

실제 정부는 지금도 공식 문서에서 '낙하산인사'라는 용어를 사용하지 않는다. '소위 낙하산인사'라고 하든지, 아니면 '예산이나 권한을 내세운 떠넘기기식 재취업'이라는 용어를 사용할 뿐이다. 단순한 정보 제공이나 개인의 능력으로 재취업한 것까지 낙하산인사로 간주해서는 안 된다는 생각이 도사리고 있을 수 있다.

한편 정부로서는 숨기고 싶은 점이 있기 때문에 낙하산인사를 인정하지 않는 것이다. 이는 퇴직하는 공무원의 재취업을 소속 부처가 알선하는 것은 법적 근거가 없는 관행에 불과하다는 것을 의미한다.

재취업을 반복하는 메뚜기인사에서는 특히 잘 들어맞는다. 퇴직한 뒤 특수법인이나 민간 기업에 낙하산으로 내려간 전직 공무원은 그때부터 민간인이 된다. 그런데 이렇게 민간인이 된 사람의 두 번째, 세 번째 재취업을 부처가 알선하는 것은 도무지 이해할 수 없는 일이다.

만약 그런 일이 허용된다면, 국민 모두의 재취업을 정부가 알선해 주어야 한다. 좋은 예는 아니지만, 잔뜩 술에 취한 아저씨가 재무성 인사과에 찾아가 '당신들은 재무성을 그만두고 민간인이 된 사람까지 챙겨 주잖아. 내 재취업도 도와줘. 그렇지 않으면 재무성 직원이라는 경력이 있는 사람만 특별대우하는 거야?'라고 시비를 건다면 어떻게 할 것인가. 아마 납득할 만한 설명을 하지 못할 것이다.

이런 일이 있을 수 있기 때문에 정부는 낙하산인사의 실태를 숨겨 왔다. 그러나 낙하산인사에 대한 비판이 거세지고 정보공개제도가 도입되자, 정부는 2001년에 마련한 '공무원제도 개혁 대강' 등에 의거해 2000년 이후 고위직 공무원의 재취업을 공개하게 되었다. 참고로 이러한 데이터 공개 또한 국민의 요구에 부응한다는 측면보다는 미국의 압력에 의해 어쩔 수 없이 발표하게 되었다고 한다.

특수법인노동조합 연락협의회의 당시 사무국장에 따르면, 1996년 6월 주일 미국대사관에서 낙하산인사에 관한 질문서가 날아왔다고 한다. 당시 미국 정부는 '미국 기업이 일본에 진출할 때, 낙하산인사 시스템이 진입 장벽으로 작용하고 있지는 않은가?' 하는 의문을 갖고 있었다. 또한 실제로 그 직후 미국 정부는 일본에 무역 관련 요구로 낙하산인사 정보 공개를 제시했다고 한다. 이에 미국의 요구를 받아들이는 형태로 일본 정부는 1997년부터 특수법인 등의 임원 급여, 퇴직금 계산 방식 등을 포함해 정보 공개를 시작했다.

1980년대에서 1990년대 전반까지 미국은 대일 무역 적자로 골머리를 앓았으며, 성장한 일본 시장에 미국계 기업이 진입할 수 없다는 사실에 분노했다. 일본 기업은 정부와 유착해 자기들에게 유리한 제도를 만들도록 요청하거나 불투명한 고용 관행과 거래 관행을 만들고 있으며, 그 전형적인 예가 낙하산인사라고 생각했다는 것이다.

퇴직 고위 공무원의 60퍼센트가 낙하산인사

얼마 되지 않지만 지금까지 축적된 데이터만으로도 그 실태는 충분히 파악할 수 있다. 표 1은 2002~2008년 재취업 현황을 정리한 것이다. 낙하산인사의 공개 대상인 과장 · 기획관 이상 고위 공무원은 매년 1200여 명이 그만두는데2008년에는 낙하산인사 관련 규제를 의식했는지 약간 많다, 그중에서 1천 명 이상이 재취업을 한다. 고위 공무원 10명 가운데 8~9명은 재취업을 한다는 계산이다. 참고로 일본우정공사 직원을 제외한 국가공무원의 전체 퇴직자 수는 2005년도 1만 6430명이었다.

재취업한 사람 중에는 자력으로 이직한 사람도 있어 재취업한 사람 모두가 낙하산인사라고 할 수는 없다. 그럼 재취업한 1천 명 이상의 고위 공무원 가운데 낙하산인사는 얼마나 될까? 좀 더 구체적으로 말하면, 중앙 부처의 도움을 받아 직장을 알선받은 사람은 얼마나 될까?

표 2는 내각관방 행정개혁추진실이 정리한 자료로 2005년 8월 16일부터 2006년 8월 15일까지 1년간의 재취업 상황을 정리한 것이다.

표 1. 고위 공무원의 재취업 상황(정부 부처 합계)

(단위 : 명)

	2002년	2003년	2004년	2005년	2006년	2007년	2008년
국가, 지자체	16	26	18	22	17	14	32
독립행정법인	9	18	76	61	90	67	77
특수법인	67	74	12	12	8	8	10
허가법인	38	32	12	1	8	4	3
재단법인	315	308	310	285	284	283	329
사단법인	146	146	145	153	150	161	171
법인(학교, 사회 복지, 종교, 의료)	25	34	36	34	34	33	36
기타 비영리법인	85	70	90	66	92	101	116
영리법인	183	176	158	160	170	151	183
자영업	202	208	198	222	235	242	217
기타	187	193	216	190	179	221	249
퇴직자 합계	1273	1285	1271	1206	1267	1285	1423

* 내각관방과 총무성이 발표한 데이터를 바탕으로 작성
* 대상은 '과장 · 기획관 상당직 이상'으로 퇴직한 공무원
* '기타'는 재취업하지 않은 사람과 재취업이 불명확한 사람 포함

이에 따르면 알선을 받아 재취업한 사람, 즉 낙하산인사로 이직한 사람은 61.1퍼센트로 60퍼센트가 중앙 부처의 도움을 받아 재취업한 셈이다.

다음으로 퇴직 사유별 낙하산인사 비율알선 비율을 살펴보면, '개인 사정'으로 사직한 사람의 경우에는 10퍼센트 정도가 알선을 받은 것에 비해, '권고'의 경우에는 65.5퍼센트로 높게 나타났다.

권고란 조기퇴직 권고, 즉 명예퇴직을 말한다. 중앙 부처의 경우, 60세가 되기 전에 '이제 젊은 사람에게 자리를 비워주지 않겠습니까?'라는 취지로 퇴직을 권하는 것이 일반적이다. 고시 출신 관료는 40대 후반에 퇴직을 권고받기도 한다. 공무원도 사람이므로 주택대출금이나 교육비 등 가계 부담이 버거워지는 40~50대에 그만두라는 말을 들으면 난감하다. 이에 재취업을 알선하는, 즉 낙하산으로 갈 수 있는 곳을 확보해 주는 것이 일반적이라는 이야기다. 이러한 조기퇴직 권고야말로 낙하산인사를 양산하는 최대 요인이다. 이에 대한 설명은 뒤에서 하겠다.

부처별 알선 비율을 보면 부처의 특징이 잘 드러난다. 산업이나 업계와 관계가 없어 보이는 부처는 알선 비율이 낮아 환경성·내각법제국·내각관방은 0퍼센트이며, 법무성도 9.7퍼센트에 불과하다. 그에 반해 산업이나 업계와 관계가 깊은 부처나 관련 비영리법인을 많이 거느리고 있는 공룡 부처의 알선 비율은 높다. 예를 들어 금융청은 100퍼센트, 경찰청은 95퍼센트, 국토교통성은 88.1퍼센트다.

표 2. 퇴직 사유별·부처별 알선 상황

퇴직 사유별 상황

(단위 : 명)

퇴직 사유	퇴직자	재취업자	내역(알선의 유무 등)					기타	퇴직자 중 알선 재취업 비율
			유	—	#	무	불명		
정년	119	59	33	0	0	26	0	60	27.7%
권고	1129	1072	739	13	9	309	3	57	65.5%
개인 사정	19	11	2	2	0	7	0	8	10.5%
계	1267	1142	774	15	9	342	3	125	61.1%

부처별 상황

(단위 : 명)

	퇴직자	재취업자	내역(알선의 유무 등)					기타	퇴직자 중 알선 재취업 비율
			유	—	#	무	불명		
회계감사원	9	9	8		1				88.9%
인사원	13	10	8		2			3	61.5%
내각관방	4	3		1		2		1	0.0%
내각법제국	2	1				1		1	0.0%
내각부	17	13	9			4		4	52.9%
궁내청	4	4	2			2			50.0%
공정거래위원회	6	5	3			2		1	50.0%
경찰청	20	20	19	1					95.0%
금융청	6	6	6						100.0%
총무성	64	58	46	7		3	2	6	71.9%
법무성	72	46	7	1		38		26	9.7%
외무성	24	9	4			4	1	15	16.7%
재무성	325	319	108		1	210		6	33.2%
문부과학성	36	35	25	2		8		1	69.4%
후생노동성	110	★109	100		1	9		1	90.9%
농림수산성	99	81	61	3	4	13		18	61.6%
경제산업성	131	116	93			23		15	71.0%
국토교통성	303	277	267			10		26	88.1%
환경성	7	7				7			0.0%
방위성	15	14	8			6		1	53.3%
계	1267	1142	774	15	9	342	3	125	61.1%

* 내각관방 행정개혁추진실 자료를 바탕으로 작성
* 대상 기간은 2005년 8월 16일부터 2006년 8월 15일까지 1년
* –는 대사나 국가기관의 장 등 공무원에 해당하는 사람, #는 독립행정법인의 장 등 주무대신이 임명하는 지위에 해당하는 사람
* ★ 두 곳의 재취업처가 있는 직원이 있어 내역과 계가 불일치

공무원이 낙하산인사로 가는 곳

다음으로 표 3에서 재취업 직장의 내역을 살펴보자.

우선 민간 기업영리법인에 재취업한 경우는 10퍼센트에 그친다. 낙하산인사의 문제점은 부처가 공공사업이나 인허가를 빌미로 원하지 않는 민간 기업에 '쓸모없는 공무원'을 내려보내는 것이라는 이미지가 강한 사람에게는 의외의 결과일지 모른다. 1990년대 이후 일본에서는 규제 완화가 진행되었기 때문에 중앙 부처가 예전처럼 민간 기업에 영향력을 미치기는 어려워졌다. 따라서 민간 기업에서 낙하산인사를 받아들여야 하는 요인이 줄어들었다.

낙하산인사를 가장 많이 받아들이는 곳은 비영리법인이다. 비영리법인이란 글자 그대로 영리를 추구하지 않는 법인을 말하는데, 특수법인이나 인가법인 · 독립행정법인 · 공익법인재단법인과 사단법인 등이 대표적이다.

간단하게 설명하면 특수법인은 특별법에 의거해 설립된 법인으로, 예전의 정부계 금융기관이나 도로공단이 해당한다. 인가법인 또한 마찬가지로 특별법에 의거해 설립된 법인이지만, 민간 관계자가 자율적으로 설립한 법인이라는 점이 다르며 일본은행이나 일본적십자사가 대표적이다. 독립행정법인이란, 국가가 직접 운영할 필요는 없지만 민간에게 맡길 수 없는 업무를 수행하는 법인이다. 이를테면 재무성 소관 조폐국 등이 있다. 재단법인과 사단법인, 두 곳을 가리켜 공익법인이라고 말한다. 공익법인은 구 민법 제34조에 의거해 정부 부처의 허가로 설립되는 조직이다. 2009년에는 일본한자능력검정협회가 전임 이사장의 배임 문제로 세상을 시끄럽게 했다.

그 밖에 눈에 띄는 특징은 의외로 자영업이 많다는 점이다. 이는 이들 직종이 요구하는 특별한 자격과 공무원의 업무가 밀접한 관련이 있기 때문이다. 예를 들어 재무성국세청·세무서에 근무하는 국세전문관은 세무사 자격을 취득할 수 있기 때문에 퇴직 후에는 세무사가 될 수 있고, 경제산업성특허청에 근무하는 전문가는 변리사가 될 수 있다. 이것 역시 일종의 낙하산인사가 아니냐는 비판이 있지만 자영업은 자영업이다.

또한 조금 특이한 재취업 직장으로는 '공직'이 있다. 전형적인 예로 외무성이 보유한 세계 각국의 대사 직위가 있다. 하지만 정부의 데이터에는 '현직 공무원'으로 분류된다. 대사의 근무 조건이 매우 좋다는 것은 널리 알려진 사실이어서 외국에 나가면 집 한 채를 장만할 수 있다던 시절도 있었다. 또한 재무성에는 공정거래위원회 위원장, 회계검사원장 등 '고위 공직'이 있다.

그리고 그다지 눈에 띄지는 않지만, 공증인이라는 공직이 있다자영업으로 분류. 공증인의 주요 업무는 유언 등 공정증서를 작성하는 것인데, 국가공무원에 준하며 전국 기초 지자체 단위의 공증사무소에 배치된다. 정년은 70세로 일반 기업에 비해 근무 연한이 길 뿐만 아니라 도시 지역의 공증인은 연소득이 수천만 엔우리 돈으로는 수억 원에 이를 정도로 대우가 좋으며, 판사·검사·법원 서기관·검찰 사무관 등 법조계 퇴직자가 독점하고 있다.

각 부처에 공통되는 공직으로 심의회 등의 상근위원이 있다'기타'로 분류. 1999년 각의에서 결정된 '심의회 정리합리화 기본계획'에서 심의회 등의 위원은 비상근을 원칙으로 한다고 정했으므로 상근위원 수는 적게 책정되어 있다. 2009년 기준으로 사회보험심의회나 식품안전위원회 등 15개 심의회에 모두 55명이 있다. 상근위원에게는 국가공무원 특별직으로 급여가 지급되는데, 놀랍게도 월 94만 1천 엔우리 돈으로는 대략 1천만 원에 이른다2009년 4월 기준.

이들 위원의 실태는 민주당의 중의원 의원 우에다 기요시 현 사이타마현 지사의 조사를 통해 확인할 수 있다. 2001년 6월 6일 중의원 결산행정감시위원회에서 우에다 의원은 시급으로 환산해 급여가 가장 높은 위원은 1시간당 43만 엔450만 원가량이 넘고 차관급 대우를 하고 있으며 대부분 중앙 부처 퇴직자가 취임하는 것으로 나타났다며, 이는 어떤 의미에서 낙하산인사를 받아들이는 부서라고 볼 수 있다고 지적했다.

또한 심의회 중에는 위원을 임명하려면 국회 동의가 필요한 '국회 동의 인사'가 존재하는데, 이 문제가 불거져 나왔다. 2007년 참의원 선거에서 다수당이 된 민주당이 1951년 이후 56년 만에 위원 임명에 동의하지 않아 사회적인 관심을 모았다. 이는 노동보험심의회, 운수심의회, 공해건강피해보상불복심의회 등의 위원 재임 안건이었다.

비영리법인이나 공직은 주로 고위 공무원이 낙하산으로 내려가는 자리다. 그에 반해 중앙 부처의 지방 직속 기관에서 일하는 이른바 비고시 출신은 어디로 갈까? 이들은 대규모 기업이나 그 지점 등 다양한 곳으로 간다. 하지만 비고시 출신도 대부분 비영리법인으로 내려간다. 다만, 그 규모가 작을 뿐이다. 일본에서 웬만한 특수법인은 반드시 광역 지자체에 지부를 두고 있는데, 바로 그곳이 지방에서 근무하는 비고시 출신 공무원이 낙하산으로 내려가는 자리다. 후생성의 낙하산인사를 수용하는 곳으로 유명해진 고용개발협회는 전국에 지부를 두고 있다.

지방공무원의 낙하산인사

다음으로 지방공무원의 실태를 살펴보자. 지자체 가운데 낙하산인사가 관찰되는 곳은 광역 지자체와 오사카나 나고야 등 대도시 정도다. 기초 지자체에는 없다. 왜냐하면 낙하산인사는 인허가권이나 예산 등으로 민간 기업에 영향력을 미칠 수 있는 곳 또는 자체적으로 많은 비영리법인을 거느리고 있는 곳에서 이루어지기 때문이다. 기초 지자체의 경우, 낙하산인사를 아무리 원하더라도 권한과 영향력과 조직이 없으니 낙하산인사를 보낼 수 없다.

지방공무원의 낙하산인사를 자료를 통해 확인해 보자.

2005~2006년 여러 지자체에서 발생한 공공사업 입찰 담합 사건을 계기로 공표할 수밖에 없었던 자료다. 겉으로는 "이제는 지방 분권 시대!"라고 외치고 있지만, 정보를 공개한 동기는 지자체나 중앙 부처나 크게 다르지 않다.

표 3. 재취업 직장 내역

(단위 : %)

	2002년	2003년	2004년	2005년	2006년	2007년	2008년
국가 또는 지자체	1	2	1	2	1	1	2
비영리법인	54	53	54	51	53	51	52
영리법인	14	14	12	13	13	12	13
자영업	16	16	16	18	19	19	15
기타	15	15	17	16	14	17	17

* '기타'는 재취업하지 않은 사람과 재취업처가 불명확한 사람 포함

표 4. 대도시의 낙하산인사 현황

(단위 : 명)

	오사카	나고야	가와사키	요코하마	센다이	니가타	합계
퇴직자 수	313	161	184	233	134	39	1064
재취업자 수	220	127	136	185	99	12	779
외곽 단체	122	62	45	45	57	1	332
공공단체	34	21	–	–	–	9	64
재임용·비상근 등	9	26	54	–	22	–	111
민간 기업	41	18	–	–	21	2	82
의료법인·학교법인 등	14	–	–	–	–	–	14
기타(민간 등 포함)	–	–	37	140	–	–	177
미재취업자(자영업자 포함)	93	34	48	48	35	27	285
재취직률	70.3%	78.9%	73.9%	79.4%	73.9%	30.8%	73.2%

* 시에서 발표한 자료를 바탕으로 작성. 오사카시는 2006년(1~12월), 그 외는 2006년 4월~2007년 3월 수치

표 4는 오사카·나고야·가와사키 등 대도시에서 공개한 낙하산인사 현황을 정리한 것인데, 공개 대상은 관리직시에 따라 차이가 있지만 과장 이상이 일반적이다.

한눈에 알 수 있듯이 니가타시를 제외하고는 매우 높은 재취업률을 보이고 있다. 비율만 본다면, 고위직 국가공무원보다 높다. 이는 지방 대도시의 낙하산인사가 얼마나 만연해 있는지를 드러내고 있다. 특히 나고야시와 요코하마시는 80퍼센트 가까운 낙하산인사 비율을 보이고 있다.

낙하산인사가 제도화되어 있는 만큼 구조적 문제를 안고 있다는 것을 의미한다. 지방공무원 낙하산인사의 문제점은, 첫째 노사유착 속에서 낙하산인사가 이루어진다는 점이다. 예를 들어 도쿄에서는 청소노동조합 간부가 관련 회사에 재취업하도록 낙하산인사를 약속한 각서가 발견되어 문제가 된 적이 있다. 이 각서는 도쿄도 환경정비공사 이사장과 청소노조위원장 명의로 작성된 것으로, 정비공사에 낙하산으로 내려가는 청소노조의 정·부위원장과 서기장 간부 세 명의 처우 등에 관한 내용이 있었다.[1]

지방 행정의 경우, 지사나 기초 단체장이 보수·진보 연합 차원에서 노동조합의 지지를 받는 것은 드문 일이 아니다. 또한 지방공무원 노동조합인 자치노조가 매우 강한 정치적 영향력을 갖고 있다는 것은 익히 알려진 사실이다. 이런 점을 고려하면, 낙하산인사에 노사유착이라는 요소가 들어 있다고 해도 지나치지 않다.

둘째, 공공사업을 매개로 한 낙하산인사가 두드러진다는

점이다. 전국지사회全國知事會가 낙하산인사 문제를 검토하기 시작한 것은 공공사업에서 터져 나온 비리 때문이다. 2006년 공공사업 관련 뇌물 수수 사건에 연루되어 지사가 체포된 후쿠시마현의 사례가 대표적이다. 후쿠시마현 산하 건설기술센터1978년 설립는 해당 지방 정부의 발주 공사에 강한 영향력을 갖고 있었다. 역대 기술센터 이사장은 후쿠시마현 토목부 관계자기술계 직원가 낙하산으로 내려오는 자리였다.[2]

셋째, 지방공무원의 경우에도 국가공무원과 마찬가지로 퇴직 후 여러 차례 직장을 옮겨 다니는 이른바 메뚜기인사가 존재한다는 점이다. 이를테면 1985년 4월 4일 참의원결산위원회에서 공산당의 오가사하라 사다코 의원은 삿포로시에서 건설국장으로 퇴임한 사람이 홋카이도주택공사, 삿포로시개발공사, 삿포로시공원녹화협회 등을 옮겨 다녔다고 지적한 바 있다.

이 세 가지 특징은 조금 차이는 있겠지만, 국가공무원에게도 나타나는 문제점이다. 한편 지방공무원 낙하산인사에만 존재하는 특징이 있다. 국가공무원에 비해 지방공무원의 낙하산인사에는 성과주의가 강하게 나타난다는 점이다.

국가공무원의 경우에는 고시 출신 여부와 상관없이 재취업이 알선되지만, 지자체의 경우에는 일정한 직급 이상에 한정된 이야기다. 앞의 표4를 보면 과장급 이상 직위로 그만둔 공무원이라 할지라도 '재임용 · 비상근'인 사람이 상당히 있다.

자세한 내용을 살펴보면, 부시장이나 부장급으로 퇴임한 사람은 대개 어느 정도 규모가 있는 외곽 단체의 장으로 내려간다. 반면 과장급은 '재임용 · 비상근'으로 남는데, 대부분 보험과 · 시민과 · 연금과 같은 창구에서 현역 공무원을 돕는 업무를 담당한다. 이를 낙하산인사라고 불러야 할지 의문이 들기는 한다.

도쿄도의 경우, 국장급 이상 퇴직자에 대해서는 총무국 인사부가 창구 역할을 맡아 도쿄도의 지정 단체나 출자 단체의 임원으로 갈 수 있도록 알선하는 것으로 알려져 있다.[3] 이에 비해 과장급 이하는 재취업 알선조차 받지 못한다. 도쿄도청에 근무했던 한 퇴직 간부는 다음과 같이 증언한다.[4]

"도쿄도가 낙하산을 알선해 준 인사들을 보면, '이자들은 뭐 하는 사람들인가' 하는 거부감이 든다. 좋은 부서에서 일한 기술자나 유능한 부하 덕분에 출세한 사람들이 아닐까 하는 생각이 드는 것이다. 도쿄도가 낙하산을 알선해 주는 것은 국장급까지이며, 과장은 알아서 가고 싶은 곳으로 가라는 식이다. 모두 퇴직 후에는 도쿄항만관리공단이 소유한 빌딩의 빌딩 관리인이 되기를 바라기 때문에 출세주의가 만연해 있다. 도쿄도청 건물은 초현대적이지만, 마피아 조직이나 다름없다."

민간 기업의 낙하산인사

민간 기업에도 낙하산인사가 있다. 하지만 낙하산인사를 위해서는 영향을 미칠 수 있는 관련 단체가 필요하므로 일반적으로 낙하산인사가 있는 곳은 대기업뿐이다. 1980년대 말 도시바에서 대졸 사원은 50세가 지나면 회사를 떠나는 것이 일반적이었다.[5] 대부분 관련 기업으로 옮겨 가지만, 그룹 계열사는 600여 개에 이르기 때문에 그나마 좋은 환경이었다고 할 수 있다.

이후 장기 불황으로 상황이 변했을 수 있으나, 다른 대기업도 많든 적든 관련 기업이나 자회사를 거느리고 있다. 도시바 같은 '민간형 낙하산인사'의 고용 관행이 있는 사업자는 상당수에 이를 것이다. 이런 고용 관행의 배후에는 몇 가지 요인이 있는데, 중장년 정사원의 높은 인건비와 처우상의 문제가 대표적이다.

민간 기업은 시장 메커니즘에 좌우된다고 하지만, 경제학자가 생각하는 만큼 노무 관리가 합리적이지는 않다. 채용, 승진, 퇴직 관리의 현실은 불합리한 면이 꽤 있다. 불필요한 인원을 관련 회사나 하청 회사, 자회사에 떠넘기는 민간형 낙하산인사에는 불합리성이 확실히 존재한다.

물론 낙하산인사를 받아들이는 측에서 보자면 못마땅할 것이다. 실제로 도큐그룹에서는 도큐전철 출신이 그룹 계열사의 임원이 되는 데에 반발이 있었다. 반발의 근저에는 모회사나 주력 회사의 사원은 능력이 뛰어나다는 생각에 대한 감정적인 거부감이 도사리고 있을 것이다.[6]

도요타자동차도 사정은 마찬가지여서 아사히신문사의 주간지 『AERA』의 1988년 5월 31일자에서는 도요타 일가가 관련 회사 아이신과 덴소로 재취업한 상황을 취재하던 중, 도요타자동차에 부품을 납품하는 업체로 구성된 교호카이協豊會 원로로부터 "도요타로부터 계속해서 낙하산인사를 받아들이는 것은 부담스러운 것이 사실"이라는 답변을 얻어 냈다.

모회사와 자회사를 포함한 연결 결산이 정착하는 과정에서 서서히 역학 관계가 바뀌었다는 지적이 있다. 그러나 낙하산인사는 많은 그룹에서 문제 삼는 경우를 제외하면 당연한 시스템으로 유지되고 있다는 것이 현실이다.[7] 이러한 민간 기업의 낙하산인사가 세금이 사용되는 공무원의 낙하산인사만큼 문제 되지 않는 것은 모회사의 낙하산인사가 아무리 피해를 준다 한들 모회사나 하청 회사에 피해를 주는 것에 불과하기 때문이다. 또한 민간 기업의 경우, 경기가 나빠지면 상황이 완전히 바뀔 가능성도 있다. 안정적으로 낙하산으로 갈 수 있는 곳이 마련될 것이라는 보장이 없어질 가능성이 있다.

이상으로 간단하게 국가공무원, 지방공무원, 민간 기업의 낙하산인사를 살펴보았다. 거듭 밝히지만 낙하산인사를 '조직 차원의 재취업 알선'으로 정의한다면, 이는 고위 국가공무원만의 전매특허가 아니다. 그런 한편 국가공무원의 낙하산인사에는 특징이 있다. 다음 장에서는 그 특징은 무엇이며, 왜 그런 구조가 만들어졌는지, 국가공무원 특히 관리직 이상 고위직에 초점을 맞추어 살펴보겠다.

제2장

낙하산인사는 왜 발생하는가

인사 적체를 방지하려 조기퇴직 장려

민간 기업에서는 회사가 재취업을 알선해 주어도 인사로 취급되지 않는다. 정년을 앞둔 반도체 부문 부장이 재취업할 곳이 정해지지 않았다고 해서 반도체 부문 30세 계장의 인사이동이 결정되지 않는 일은 없다는 것이다. 반면 정부 부처에서 간부급의 재취업이 결정되지 않으면 그 밑에 있는 공무원의 인사까지 정체되는 일이 벌어진다. 정부 부처에는 직위가 정해져 있어 민간 기업과 달리 자유롭게 늘릴 수 없기 때문이다.

또한 예산의 제약이 있다. 역사적으로 보아도 방치해 두면 정부 부처의 조직은 점점 비대해지기 마련이어서 국회나 내각은 조직, 직위, 예산을 엄격하게 통제한다. 그러나 조직에 활력을 불어넣기 위해서는 유능한 인재를 빨리 승진시켜 경험을 쌓도록 해야 한다. 계속해서 연장자가 자리를 꿰차고 있으면 젊은 인재는 의욕을 잃는다. 그래서 등장한 것이 앞에서 언급한 조기퇴직명예퇴직을 권고하는 독특한 고용 관행이다. 이는 정년60세까지 기다리지 않고 공무원을 퇴직하도록 하는 사직 권고다. 퇴직하도록 하기 위해서는 당연히 재취업을 알선해 주어야 한다. 다음에 일할 곳을 알선해 주지 않으면 퇴직하는 사람은 난감할 수밖에 없다. 그러니 재취업 알선과 조기퇴직은 세트로 묶여 있다. 이것이 낙하산인사를 낳는 근본적인 요인이다.

이러한 관행에 대해서는 찬반양론이 있다. 중앙 부처보다 퇴직 연령이 높은 지자체에 근무한 경험을 바탕으로 말한다면, 분명 조직의 활성화에 기여하는 측면이 있다. 나이를 먹은 사람이 그만두지 않고 위세를 부리는 조직에서는 젊은 인재가 의욕을 잃어버릴 수밖에 없다. 반면 일정하게 승진 속도가 유지될 때, 구성원 모두 의욕을 갖고 일한다.

하지만 정년까지 일하고 싶다고 희망하는 공무원에게 조기퇴직 권고는 사실상 해고나 마찬가지다. 실제로 통산성에서 권고를 거부한 사례가 있었다. 1974년 당시 통산성 사무차관이 하야시 신타로 입지공해국장에게 명예퇴직을 권했다. 하지만 하야시 국장은 이를 거부하여 국장 재임 기간을 넘기고도 계속 출근했다. 결국 하야시 국장은 국장실에서 '관방 소속'으로 쫓겨났다. 이 사건은 하급 공무원들이 하야시 국장을 응원한 덕에 매스미디어에서도 다루었다. 난처해진 통산성은 하야시 국장을 몇 년 후배가 국장으로 있는 홋카이도 통산국장으로 좌천시켰다. 마침내 하야시 국장은 어쩔 수 없이 퇴직해 유통업체인 JUSCO지금의 AEON 부사장으로 옮겼다.[8] 권고는 명분일 뿐 실제로는 강제의 성격을 띤 명령이었던 셈이다.

낙하산 인사를 낳는 동기 일괄 승진

연령과 관계없이 유능한 인재나 필요한 인재를 남겨 두는 것이 합리적이지 않나 하고 생각할 수 있다. 민간 기업이라면 당연한 일이다. 또는 조기퇴직을 추진하지 않고 모두가 정년까지 일할 수 있는 시스템을 만드는 것이 중요하지 않느냐는 의견도 정확한 지적이다.

그러나 그렇게 하지 못하는 복잡한 사정이 있다. 정부 부처에는 '동기 일괄 승진'이라는 관행이 존재하기 때문인데, 이는 공무원 동기가 나란히 승진하는 것을 말한다. 그뿐만 아니라 중앙 부처에는 후배가 선배를 앞지르지 못한다는 인사 규칙이 뿌리 깊게 남아 있다. 이러한 인사 관행을 '연차주의'라고 한다. 말하자면 몇 년에 공무원이 되었는지가 결정적으로 중요해지는데, 이 관행이 낙하산인사를 낳는 두 번째 요인으로 작용한다.

앞에서 말했듯이 중앙 부처의 직위는 한정되어 있으므로 고시 출신 공무원이라도 누구나 국장이 되는 것은 아니다. 동기 중에서 국장이 되는 것은 많아야 고작 몇 명에 그친다 그림 1. 따라서 연차주의라는 인사 관행을 지키기 위해 승진 경쟁에서 패한 공무원은 차례차례 그만두고 나갈 수밖에 없다. 또한 이와 연동해 낙하산으로 갈 수 있는 직장을 확보해야 한다. 이러한 동기 일괄 승진이 엄격하게 유지되는 것은 '고시 출신 관료는 명예심이 높기 때문'이라는 견해가 일반적이다. 그러나 인사노무 관리 측면에서는 '명예심에 상처를 주거나 도덕적 해이를 불러일으켜서 조직 전체에 부정적 영향을

그림 1. 동기 일괄 승진, 조기퇴직 권고와 낙하산인사의 관계

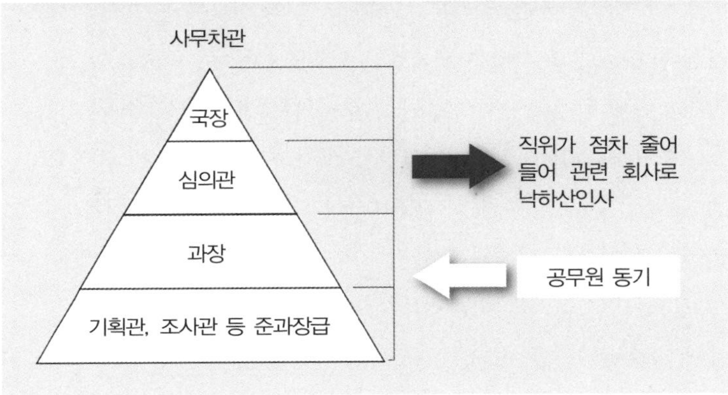

주지 않도록 한다', '동기의 부하가 될 수도 있다는 걱정에서 벗어나 업무를 매끄럽게 처리하도록 한다'는 것이 주된 이유로 거론된다.

긴 역사를 가진 기묘한 인사 관행

조기퇴직 권고와 동기 일괄 승진, 즉 연차주의가 낙하산인사의 원인이라고 하면, '그런 고용 관행은 없애야 한다. 민간에서는 인사도 경쟁이 상식'이라고 이의를 제기할 수 있다. 하지만 조기퇴직 권고나 동기 일괄 승진은 쉽사리 폐지될 수 없는 관행이다.

이 관행들은 제2차 세계대전 이전에 이미 존재했다. 우선 조기퇴직 권고부터 보자. 이것은 1920년대 후반부터 시작되

었다. 내무성의 경우, 1920년대 후반에 벌써 인사 적체에 직면해 퇴직 후를 돌보아 주는 조건으로 고위 관료에게 퇴직을 강요했다. 이것은 사실상 조기퇴직 권고였으며, 그 대가로 퇴직 후 뒤를 봐주는 것이 오늘날 낙하산인사의 실상이다.

예를 들어 1937~1938년 내무성 인사과장을 지낸 아라이 젠타로는, 당시 공무원의 신분보장이 강화되면서 퇴직자가 줄어들어 인사가 적체될 것을 우려하던 중 조기퇴직을 권고하고 재취업자를 알선하는 방법으로 하급 공무원의 인사 적체를 해소했다고 말한다.[9]

다음은 동기 일괄 승진 혹은 연차주의로 불리는 인사 관행인데, 1920년대 초에 확립된 것으로 보인다. 업무의 전문성 때문에 정치로부터 인사의 독립성을 유지해 왔다는 대장성지금의 재무성을 보면, 동기간에 본부 과장으로 승진하는 데 얼마나 차이가 있는지를 조사한 결과에서 다음과 같은 사실을 확인할 수 있다.[10]

국가공무원제도가 도입되기 시작한 1870년대에 제도 자체가 불안정하여 동기 일괄 승진은 엄격하게 지켜지지 않았다. 그러나 1890년대에 들어서면서 서서히 동기 일괄 승진 사례가 늘어나기 시작했다.

1890년 대장성에 들어간 9명 가운데 3명의 과장 승진 시기가 각각 관방 제4과장 1897년, 관방 제3과장 1897년, 관방 제4과장 1898년으로 비슷했다. 연차주의가 완전히 확립된 시기를 말하기는 어려우나, 이케다 하야토 전 총리대신이 대장성에 들어간 1925년의 경우, 동기 13명 중 10명이 1937~1941년

사이에 과장으로 승진한 것으로 보아 1920년대 초에 확립되었다고 할 수 있지 않을까 생각한다. 1870년대에서 1920년대까지 공무원 채용 인원이 연도에 따라 들쑥날쑥한 데다 직위가 많아 후배가 선배를 추월하는 일은 드문 일이 아니었다. 그러나 1920년대 후반에는 연공서열적 승진이 분명하게 나타난다.

중앙 부처 중 질서 있는 인사를 단행한다는 평가를 받는 대장성의 경우, 이런 것을 감안한다면 1910년대 초부터 서서히 연차주의의 싹이 보였고 1920년대 초에는 골격이 세워졌다고 할 수 있다.

긴 역사를 가진 관행이라고 해서 합리적인 시스템이라고 할 수 있는 것은 아니지만, 오랫동안 계속된 데에는 그만한 이유가 있는 법이다. 따라서 역사를 가진 제도와 관행을 바꾸기 위해서는 그에 상응하는 지혜를 짜내야 한다.

또 하나의 요인, 낮은 연금 수준

낙하산인사가 발생할 수밖에 없는 세 번째 요인으로 일본 공무원의 연금 수준이 그다지 높지 않다는 점을 들 수 있다. 인사원의 '공무원고령기 고용문제연구회'는 주요 선진국의 공무원이 받는 연금 금액을 비교했다. 이에 따르면, 일본은 고위 공무원이라고 해도 연금 금액이 상당히 낮다는 사실을 알 수 있다.

외국의 국장급 · 과장급 연금액과 최종 연수年收 비율을 비교하면 표 5와 같다. 일본은 5개국 가운데 연금에서 최하위일 뿐만 아니라 최종 연수 비율에서도 단연 최저 수준이다. 물론 일본 국내 수준으로서는 결코 적지 않다. 서민과 비교하면 충분하다는 주장은 틀린 말이 아니다. 그러나 국제적으로 보면, 일본 공무원의 노후는 풍요롭지 못하다.

'영국의 공무원은 퇴직한 뒤 무보수로 자원봉사를 한다. 낙하산으로 재취업한 사람은 이를 배워야 한다'고 말하는 사람이 더러 있다. 하지만 영국 공무원의 연금 수준을 보면, 그런 의견에 설득력이 없다는 것을 알 수 있다. 연금을 1천만 엔1억 원이 넘는다 이상 받는다면, 누구라도 굳이 머리를 숙여 가며 재취업할 필요가 없기 때문이다.

실제로 '은급제도'가 있던 제2차 세계대전 이전에는 '천황의 관리'였던 고위 공무원은 전쟁 후에는 낙하산인사로 재취업하지 않았다. 은급이란, 연금처럼 보험료를 내지 않아도 노후에 돈을 받을 수 있는 특권이다. 이 특권이 주어진다면 누구나 애써 노후에 일할 생각을 하지 않을 것이다.

제2차 세계대전 이전의 내무성 고위 관료의 재취업을 설명한 자료에 따르면,[11] 내무성 고위 관료의 주요 재취업노후 생활 방식에는 '은급을 통한 생활', '귀족원의 추천의원이나 추밀고문관 등 정계 진출', '기초 지자체장이나 직원 등 지자체로 이동', '공공법인의 임원', '변호사', '실업인으로 변신' 등 여섯 가지 유형이 있었다. 참고로 내무성이란 구 자치성과 경찰청 · 후생성 · 구 건설성을 통합한 공룡 부처로, 대장성과 함께 엘리트 중의 엘리트가 모이는 집단으로 통한다. 강력한 권력을

표 5. 선진 5개국의 공무원 연금액

	국장급	과장급
영국	1618만 엔 (56.7%)	972만 엔 (56.2%)
미국	1394만 엔 (72.3%)	1269만 엔 (72.3%)
독일	1120만 엔 (69.9%)	818만 엔 (69.9%)
프랑스	775만 엔 (72.7%)	501만 엔 (72.7%)
일본	622만 엔 (33.5%)	451만 엔 (32.8%)

* 인사원 공무원의 고령기 고용 문제에 관한 연구회(2007) 제1회 제출 자료
* ( )는 퇴직 직전 연봉 대비 연금의 비율

갖고 있었고 전시체제라는 특수성 등이 있어 제2차 세계대전 직후 일본을 통치한 연합군 최고사령부GHQ : General Headquarters가 이를 해체했다.

내무성 자료는 6가지 유형 가운데 '은급을 통한 생활'을 가장 먼저 기술하고 있다. 이는 아마도 은급으로 유유자적하게 노후 생활을 보내는 전직 공무원이 가장 많았기 때문이 아닐까 생각한다. 그만큼 은급은 혜택이 많았다. 자세한 수치는 생략하지만, 액수는 당시 고위 공무원의 월급과 그리 차이가 없었으며 제조업에 근무하는 남성이 받는 월급의 4배에 해당했다.

혜택이 좋았던 것은 은급만이 아니었다. 예전에는 변호사라는 자격으로 편하게 먹고살 수 있었다. 1923년까지 제국대학교 법대를 졸업한 법률 전공자에게는 무시험으로 법관이나 변호사가 될 수 있는 특전이 있었다. 이 특전 덕분에 제2차 세계대전이 끝난 뒤 공직 추방으로 실직한 공직자들은 변호사로 개업해 생활을 영위했다고 한다. 참고로 엘리트 공무원이 법조인으로 먹고사는 것은 일본뿐이 아니다. 미국에서는 변호사 자격을 쉽게 취득할 수 있어 이를 무기로 재취업하는 공무원이 많다. 독일에서도 고위 공무원 가운데 정무직 공무원은 변호사 자격을 갖고 있기 때문에변호사 2차 시험이 고위직 직급 시험을 겸하고 있다 어렵지 않게 변호사로 개업할 수 있다.

낙하산인사는 인사의 일환인가

이상과 같이 조기퇴직 권고, 연차주의, 연금 수준이라는 세

요인이 서로 얽혀 일본의 낙하산인사는 정착했다. 관점을 바꾸면, 애초에 인사의 일환으로 재취업할 수밖에 없는 구조라는 이야기다.

현재는 민간 기업 임원으로 일하는 국장 퇴직자에 따르면, 인사 담당자가 낙하산을 알선할 때에는 재취업 직장뿐만 아니라 구체적인 직위까지 정해진다고 한다. 이러한 행태는 '통상적인 인사이동과 다를 것이 없다는 감각으로 행해진다', '통상적인 인사이동과 완전히 동일하다'고 털어놓았다.

인사의 일환으로 이루어지는 국가공무원의 낙하산인사에는 다음과 같은 특징이 있다. 첫째, 규칙성이다. 재무성 주세국장으로 퇴직한 사람은 판에 박힌 것처럼 동일한 관련 단체 이사로 재취업하는 식으로 특정 직위의 특정직 출신자가 재취업한다. 우연한 재취업이나 능력 위주의 재취업이라면 규칙성을 찾기 어려울 것이다. 인사의 일환으로 시행되므로 퇴직 시의 직위와 재취업 직장이 연결되어 있다는 이야기다.

둘째, 성과주의 경향을 들 수 있다. 인사의 최대 특징은 신상필벌이다. 조직에 공헌한 사람은 우대하고, 공헌도가 낮은 사람은 냉대하는 것이 철칙이다. 낙하산인사 역시 동일한 경향이 있다. 사무차관과 같은 최대 공로자에게는 좋은 직위가 주어지는 반면, 과장급으로 퇴직하면 그에 맞는 직위밖에 주어지지 않는다. 내부 고발을 포함해 조직에 저항한 자에게는 혜택이 주어지지 않음은 말할 필요가 없다.

셋째, 생활 보장이다. 인사에는 냉정한 면이 있는가 하면 온정적인 면도 있다. 예를 들어 대기업 정사원인 경우, 중병에 걸렸을지라도 회사는 매몰차게 버리지 않는다. 심신에 부담이 적은 직위에 배치시키는 등 배려를 한다. 정부 부처의 생활 보장은 단순하지 않다. 부처에 따라 다르기는 하지만, 65세까지 뒤를 봐준다고 하는가 하면 89세까지 뒤를 봐준다는 말이 있듯이 노후까지 배려한다. 실제로 경제산업성의 관련 법인인 석유자원개발에서는 사무차관 출신 89세 할아버지가 상담임원이나 고문으로 영향력을 행사하고 있다.

넷째, 광범위하다는 점이다. 앞 장에서 살펴본 것처럼, 지자체에서는 광역 단체나 대도시의 공무원은 과장급까지 승진하면 제2의 인생이 보장되지만, 시골의 기초 단체에서는 재취업을 알선해 주지 않는다. 이에 비해 국가공무원의 경우에는 지방 산하 기관의 비고시 출신에게도 낙하산인사로 재취업 직장을 알선해 준다. 이는 간단한 꼼수를 부려 재단을 새롭게 만들 때마다 각 광역 지역에 지부를 만들면 되는 일이다. 이를테면 경제산업성의 경우에는 8대 광역에 있는 전기보안협회에 낙하산으로 공무원을 내려보낸다. 이러한 유사한 비영리법인이 각 부처마다 있다.

정부 부처가 제출한 자료를 토대로 산정해 보면, 지방에 근무하는 사람 가운데 60퍼센트가량이 국가공무원이 낙하산으로 내려온 경우다. 결국 낙하산인사가 반드시 본부에 근무하는 고시 출신 엘리트 공무원에게만 주어지는 특권은 아니라는 뜻이다.

이처럼 규칙성, 성과주의, 생활 보장, 광범위성이라는 네 가지 특징을 가진 '인사의 일환으로 시행되는 낙하산인사'를 통해 무엇을 알 수 있을까? 그것은 재취업을 알선한다고 해도 그 정도가 전혀 다르다는 점이다. 단순히 재취업을 원하는 사람의 정보를 제공하는 수준이 아니다. 재취업 직장에서 기쁘게 받아들이겠다고 외칠 만큼 알선의 배후에는 '거무칙칙한' 혹은 '황금빛' 압력이 존재한다.

자민당 장기 집권과 낙하산의 관계

아무튼 순수하게 정부 부처 내부의 요인이라고는 할 수 없지만, 제2차 세계대전이 끝난 후 계속된 자민당 장기 집권 체제는 낙하산인사를 촉진시킨 중요한 요인이다. 정치 상황이 안정되었다는 것은 정부 부처의 인사 역시 안정되어 있음을 의미하기 때문이다.

만약 앞으로 4년마다 자민당과 민주당이 정권 교체를 반복한다면 정부 부처의 인사는 어떻게 될까? 아마도 자민당 계열의 관료와 민주당 계열의 관료로 나뉠 것이다. 그렇지 않으면 업무가 제대로 이루어지지 않을 것이다. 영국과 같이 정치와 관료를 분리하는 것이 전통으로 자리 잡힌 나라라면 몰라도 일본은 정치와 관료의 역할 분담이 분명하지 않기 때문이다.

영국에는 정치인이 정책 방향을 정하고, 관료는 그에 따라 충실히 업무를 추진하는 전통이 있다. 보수당과 노동당의 양당제하에서 정기적으로 정권 교체가 이루어지고 있으며, 정책의 방향은 그때마다 크게 좌우로 움직인다. 공무원 입장에서 보면, 지나치게 특정 정당에 치우칠 경우 중립성을 해칠 위험이 있다.

그에 비해 일본에서는 제2차 세계대전이 끝난 이후 오랫동안 정권 교체가 이루어지지 않았고, 자민당과 관료는 한 몸이 되어 정책을 추진해 왔다. 따라서 정치인과 관료의 역할 분담이 모호하다. 관료 중에는 정치인 버금가는 권력을 가진 사람도 있다. 이들은 정계와 재계에 폭넓게 인맥을 구축하고 있다. 이러한 정치인형 관료에게 정권 교체는 충격 그 자체였다. 어제까지 적이라고 생각했던 야권의 정치인이 상사가 될 수 있으니 말이다. 새롭게 정권을 잡은 정치인으로서는 지금까지 품어 온 원한을 풀 절호의 기회이므로 인사권을 이용해 보복하려고 할 수도 있다.

그 결과, 낙하산인사에 숨어 있는 인사의 일환이라는 성격이 약해질 수 있다. 자민당에 가까운 국장이 퇴직하는 해에 민주당이 선거에서 승리한다면 어떻게 될 것인가? 민주당은 다양한 수단을 활용해 국장의 재취업에 발목을 잡으려 할 것이다. 그리고 자민당이 승리해도 똑같은 일이 생길 수 있다.

특정 정당의 장기 집권이 공무원의 안정적 인사에 얼마나 큰 영향을 주는지는 제2차 세계대전 이전의 정우회 · 민정당의 보수 양당제와 제2차 세계대전 이후의 자민당 장기 집권 하에서의 낙하산인사를 비교해 보면 쉽게 알 수 있다.

제2차 세계대전 이후 대장성 사무차관의 낙하산인사는 매우 규칙적이었다. 특정 직위를 완전히 식민지로 만들어 순차적으로 계승되었다. 이에 비해 제2차 세계대전 이전 낙하산인사는 이 정도로 강한 규칙성은 보이지 않았다. 제2차 세계대전 이전 한반도의 식민화 사업을 추진했던 동양척식주식회사의 사업 전개 과정을 연구하고 있는 김조설에 의하면,[12] 남만주철도와 동양척식주식회사는 '정당의 먹이'가 되었고, 1923년 말부터 1932년까지 9년간 4명의 총재가 교체되었다. 사실 제2차 세계대전 이전에도 낙하산인사는 존재했으며, 현대사회의 공직자가 특수법인이나 독립행정법인에 낙하산인사로 내려갔던 것처럼 '특수 회사'에 낙하산인사로 내려갔다. 양당제의 경우에는 낙하산인사에까지 당파성이 작용했다.

민주당이 참의원 선거에서 다수당이 된 이후의 정치 상황을 보면, 양당제가 낙하산인사에 큰 영향을 끼친다는 점을 알 수 있다. 국회 동의가 필요한 직위에는 쉽게 낙하산인사로 갈 수 없게 된 것이다. 상징적인 사례로 2008년 정기국회에서 일본은행총재에 무토 도시로 부총재전 재무성 사무차관를 승진시키는 인사안이 부결되었다. 낙하산인사가 정치 상황에 크게 좌우된다는 사실을 여실히 보여 준 사례이다.

제3장

부처별
낙하산인사 실태

낙하산인사의 통제실은 어디인가

인사의 일환으로 실시되는 국가공무원 낙하산인사의 또 다른 특징은 '부처별 알선'이다. 재취업 알선은 각 중앙 부처를 통해 이루어진다. 국가공무원의 낙하산인사는 '일본 정부'라는 막연한 형태가 아니라 재무성이나 후생성과 같은 구체적인 조직에 통제실을 두고 있다.

왜 정부 부처는 알선 기관의 통제실이 된 것일까? 국가공무원의 경우, 채용에서 승진과 퇴직에 이르기는 모든 인사노무 관리임용의 중심은 내각총리대신이 아니라 각 부처대신이다 국가공무원법 제55조. 이에 '종적 행정'이니 '부처이기주의'니 하는 문제가 발생하는 것이다. 좀 더 알기 쉽게 말하면, 내각의 수반인 총리대신의 명령보다는 자신이 속한 부처의 이익 확보를 중요시한다는 것이다. 본말전도가 따로 없다. 오래된 일이지만, 정보통신산업을 놓고 벌인 우정성과 통산성의 다툼, 유치원과 어린이집의 일원화를 가로막는 문부성과 후생성의 다툼 따위가 전형적인 예라고 할 수 있다. 이들 싸움에서는 총리대신이나 내각의 의향이나 방침은 무시되고 오직 부처의 이익 확보만이 활보한다. 그 결과, 낙하산인사의 중심에도 각 부처가 자리 잡게 되었다. 지금까지는 비교적 베일에 싸여 있었지만, 최근에는 어느 부처의 어느 부서가 낙하산인사를 알선하고 있는지 속속들이 드러나고 있다.

가장 핵심적인 알선 기관은 각 부처의 관방인사과이다. 그 밖에 각 지방에 흩어져 있는 지방 직할 기관 등이 낙하산인사의 총책을 자처한다. 예를 들어 경찰청에서는 광역 지역별 경찰국 총무감찰부 경무과, 방위성에서는 육해공의 막료감부幕僚監部, 총무성에서는 각 지방 우정국 인사과, 문부과학성에서는 국립대학법인 인사과, 후생노동성에서는 지방 노동국, 농림수산성에서는 지방 농정국이 낙하산을 알선하고 있다. 낙하산인사 알선 기관은 중앙 부처에만 있는 것이 아니라 지방에까지 세밀하게 뻗어 있는 셈이다.

낙하산인사에 나타나는 부처별 특성

이와 같이 국가공무원의 낙하산인사는 부처별로 이루어지고 있어 당연히 부처별로 다양한 특성이 나타난다. 일본의 행정은 기본적으로 부처 단위로 이루어지므로 부처에 따라 소관 업무가 다르다. 산업을 담당하는 경제산업성과 같은 조직이 있는가 하면 환경성과 같이 산업을 소관하지 않는 조직도 있는데, 낙하산인사에는 이와 같은 부처별 업무 범위나 종류가 적나라하게 반영된다.

말하자면 경제산업성에서는 제조업으로, 국토교통성에서는 건설업이나 운수업으로, 금융청에서는 금융기관으로 낙하산 인사가 내려간다. 산업계와 거의 관련이 없는 부처의 경우에는 사정이 다르다. 농수성과 같은 거대 조직은 특수법인이나 독립행정법인 등 많은 비영리법인을 거느리고 있지만, 지금은 사라진 경제기획청이나 총무청과 같이 이권이나 산업계와 무관한 조직에서는 국장급조차 낙하산으로 갈 만한 곳이 없어 대학교수로 가는 경우가 있다.

각 부처를 기반으로 한 인사노무 관리와 소관 업무의 내용이라는 두 개의 축이 교차되며 낙하산인사라는 현상이 생긴다는 점이 핵심이다. 원래 재취업 알선은 인사 담당자가 머리를 짜내면서 새로운 재취업 직장을 개척하거나 연결해 주는 것이 보통이다. 그런데 국가공무원의 경우에는 재취업 알선을 원하는 대로 추진하기 위해 부처별로 소관하는 관련 업계나 관련 기업에 이런저런 압력을 가하고 있는 것이 현실이다. 재취업 알선에 업무를 이용하는 측면이 있다는 것이다. 그런 이야기를 들어도 어쩔 수 없을 만큼 부처별로 특성이 뚜렷하게 나타난다.

다음에서는 부처별 특성을 확인하기 위해 몇 개 부처의 낙하산인사를 자세히 살펴보도록 한다. 우선 '낙하산인사 삼총사'로 불리는 재무성 · 경제산업성 · 국토교통성구 운수성과 구 건설성을 살펴본다. 경찰청과 후생노동성구 후생성과 구 노동성을 살펴보는데, 이 부처들은 막강한 권한에 비해 소관 업무가 한정적이어서 낙하산인사에서 삼총사만큼 재미를 보지 못하는 사례다. 이 외에 낙하산인사와 관련된 비리가 많은 사례로 농수성과 방위성을 살펴보고, 이권이 적고 낙하산인사와 그다지 관계없는 사례로 환경성 · 구 총무청 · 구 경제기획청 등을 간단하게 살펴본다.

낙하산인사의 챔피언은 단연 재무성

재무성은 단연 낙하산인사의 챔피언이다. 이는 재무성의 복도를 보아도 알 수 있다. 다른 부처나 민간 기업에서 온 사람들이 끊임없이 드나들며, 이들은 등받이조차 없는 철제 의자에 앉아 재무성 공무원을 기다린다. 나도 그 불편한 의자에 앉아 한 시간이고 두 시간이고 예산담당관을 기다린 적이 있다. 이 정도로 재무성은 막강한 권력을 갖고 있다.

재무성 공무원이 다른 부처나 민간 기업에서 온 사람들을 언제까지나 기다리게 할 수 있는 것은 예산을 담당하는 부처이기에 가능하다. 재무성은 대장성 시절부터 예산을 무기로 '우리는 후지산, 나머지는 보통 산'이라고 불렀다. 재무성에서 예산을 인정하지 않으면 다른 부처는 아무것도 할 수가 없다. 이에 재무성 공무원이 '재무성으로 오라. 복도의 의자에서 기다리라'라고 하면 거기에서 기다릴 수밖에 없다.

이러한 재무성의 강력한 영향력은 낙하산인사로 갈 만한 곳이 넘쳐 난다는 사실에서도 확인할 수 있다. 금융기관을 비롯한 민간 기업, 공정거래위원회 등의 공직, 정부 산하 금융기관 등 비영리법인을 3대 점령지로 삼을 수 있는 곳은 재무성뿐이다. 세계화가 진행되고 있는 지금도, 지방은행 가운데 최고로 꼽히는 요코하마은행의 역대 행장은 변함없이 재무성 사무차관 출신이 독차지해 왔다. 재무성의 낙하산인사에는 강한 규칙성이 있다. 이를테면 일본개발은행 총재, 일본수출입은행 총재, 국민금융금고 총재 등 정부 산하 금융기관의 대표 자리는 사무차관 출신의 지정석이나 다름없다.

낙하산인사를 근절할 경우, 첫 표적은 틀림없이 재무성이다. 그러나 재무성 고위 공직자의 낙하산인사를 옹호하는 소리를 흔히 듣곤 한다. 앞에서 언급했듯이 후쿠다 내각에서 무토 도시로 전 사무차관의 일본은행 총재 취임을 놓고 민주당이 거세게 반대한 적이 있다. 당시 무토 사무차관은 균형감각이 뛰어나고 유능하다며 그를 옹호하는 소리가 매스미디어 관계자로부터 흘러나왔다.

그만큼 재무성 고위 공직자가 유능하다는 증거일지도 모른다. 또는 내가 받은 인상으로는 청렴하고 모가 나지 않았기 때문에 의외로 적이 적은 것은 아닐까 하는 생각이 든다. 방송 보도를 보면 고위 공직자는 대단히 거만한 듯이 보이지만, 사실 대부분의 공무원은 겸손한 사람들이다. 그렇지 않으면 어려운 정책 과제를 조정할 수 없으며, 정치인이나 매스미디어와 충돌할 수밖에 없다. 따라서 그들의 맨얼굴을 알게 되면 '재무성 공직자는 유능하니까 낙하산쯤이야 괜찮지' 하는 마음이 생길 수도 있다.

비고시 출신이 낙하산으로 어디로 가는지는 그다지 눈에

띄지 않는다. 본부에 근무할 경우, 역시 주요 비영리법인이나 지방은행의 중견 간부로 낙하산을 타고 내려간다. 세무서에 근무하는 비고시 출신 공무원은 이미 앞에서 언급한 것처럼 회계사가 되는 경우가 많다.

그런데 이런 재무성에서 낙하산으로 갈 만한 곳이 점점 줄어들고 있다고 한다. 다른 부처보다 단연 혜택받은 곳이지만, 사무차관과 같은 고위 공직자조차 퇴임 이후 곧바로 거대한 정부계 금융기관으로 가는 사례는 드물어졌으며, 세상 사람들의 눈을 속이기 위해 일단 '방석 기관'제4장 참조이라 불리는 대기 직위에 가는 경우가 많아졌기 때문이다.

의리 없는 실용주의자들, 경제산업성

일본의 관가에서 경제산업성은 경계 대상이다. 규제 완화 등으로 업무가 줄어들고 있다는 위기감 때문인지, 곧잘 다른 부처의 업무를 침범한다. 이에 다른 부처에서는 그들을 '침략자'라고 부르기도 한다.

나 또한 공무원 시절 그런 침략자의 모습을 경험한 적이 있다. 경제산업성에서 자신들의 업무와 전혀 관계없는 후생 문제인 파견노동의 처우 문제 등을 들고 나왔다. 그런데 그런 침략자는 상당히 유능해 후생성 공무원 이상으로 파견노동에 대해 훤히 알고 있어 놀랐다.

경제산업성 공무원 역시 유능하다. 경제산업성이 일본 행정가 가운데 명문가에 비유되는 이유는 진취적인 행동과 함께 유능하고 다양한 인재를 보유하고 있기 때문이다. 그러고 보면, 자민당이나 민주당 모두 경제산업성 출신 고위 관료가 당의 요직을 차지하고 있다.

이러한 특징은 낙하산인사에 그대로 나타난다. 국토교통성 공무원이 건설업자나 운수업자로 변신하는 것과는 달리, 경제산업성은 낙하산을 타고 제조업으로 내려가기 때문에 추잡한 이미지가 없고 여태껏 큰 비판도 없었다. 오히려 많은 학자는 경제산업성 고위 공무원이 민간의 제조업에 낙하산으로 가므로 정보 교환이나 의사소통이 원활하게 이루어져 제2차 세계대전 이후 일본 경제의 강점 중 하나로 작용했다고 평가한다.

물론 인재가 풍부한 경제산업성에서 낙하산인사를 강하게 거부한 고위 공무원이 있었다. 사무차관을 지낸 사하시 시게루다. 그는 시로야마 사부로의 소설 「관료들의 여름官僚たちの夏」에 등장하는 주인공의 모델로 알려진 인물로, 무슨 일이 있어도 낙하산으로 가지 않겠다고 버텼다.

이러한 사례를 고려한다면, 경제산업성의 낙하산인사에 문제가 없다고 할 수는 없다. 경제산업성이라는 부처는 마치 입으로는 '자유, 평등, 박애'를 외치면서 천연덕스럽게 개발도상국에 무기를 팔아넘기는 프랑스처럼 의리 없는 실용주의자 체질을 갖고 있기 때문이다.

다른 부처나 세상을 향해서는 세계화, 마케팅 메커니즘, 규제 완화 등 약육강식을 선동하면서도 자신들은 편안히 낙하산으로 내려가는 경우가 적잖다. 구체적으로는 부처에서 민간 기업으로 이동해 대표까지 오른 사람이 다시 부처의 도움으로 관련 비영리법인의 대표로 취임하거나 꽤 나이를 먹은 뒤에도 도움을 청하는 경우가 있다.

국민에게는 마케팅 메커니즘을, 자신에게는 규제와 보호를 적용하는 이중 잣대를 갖고 있다. 어쨌든 다른 부처에 비해 낙하산으로 갈 만한 민간 기업이 많다는 것이 경제산업성의 특징이라고 할 수 있다. 그러나 사무차관의 재취업은 재무성과 같은 강한 규칙성을 보이지 않는다.

규제 완화 이후 형편이 나아진 구 운수성

중앙 부처 중에는 오히려 형편이 좋아지는 곳도 있다. 소속 부처의 조직이나 관련 업무가 개혁 대상이 되었음에도 불구하고 어딘지 모르게 권한과 업무가 늘어난 경우다. 구 운수성지금의 국토교통성이 그 전형적인 예이다. 운수성은 규제가 완화되면 지배력이 약화되어 낙하산으로 갈 곳이 줄어들 것처럼 보이지만, 국철에서 JR로 분할했을 때를 보면 알 수 있듯이 운수성의 공무원이 낙하산으로 갈 만한 곳은 오히려 늘어났다.

화려해 보이는 재무성이나 경제산업성에 결코 뒤지지 않을 정도로 낙하산으로 갈 만한 곳이 풍부하다. 어쩌면 재무성이나 경제산업성보다 많을지도 모른다. 비영리법인이 많을 뿐만 아니라 민간 기업도 JR이나 JAL, ANA 등 대기업 투성이다.

유명한 운수성 출신 공무원으로는 록히드사건으로 악명이

높은 한편 경영자로서 높이 평가받은 와카사 도쿠지 전 사무차관이나 JR동일본 사장과 회장을 지낸 스미다 쇼지 전 사무차관 등이 있다. 스미다는 자신의 저서 『공직자에게 바르는 약役人につけるクスリ』에서, 행정관은 경영을 알지 못하며 경영의 실태와 동떨어진 행정 처분만큼 무서운 것이 없다면서 교통사업법을 근본적으로 개정해 경영자의 생각을 존중하라고 주장했다. 내가 아는 한 사무차관이라는 정상의 자리까지 오른 사람이 그만둔 뒤에 자신의 소속 부처를 이 정도로 비판한 것은 드문 일이다.

고위직은 특수법인, 현장직은 건설업체로 가는 구 건설성

구 건설성지금의 국토교통성의 낙하산인사는 연상 게임과 같이 '건설업체=공공사업=담합'이라는 검은 도식을 떠올리지 않을 수 없다. 그러나 조사해 보면, 의외로 사무차관 등 간부급이 건설업계로 가는 일은 적고 오히려 특수법인에 재취업한다. 건설성이 거느리고 있는 특수법인을 비롯한 비영리법인의 수는 상당히 많다.

역대 사무차관은 특히 1960년대 후반 이후 수자원개발공단, 주택·도시정비공단, 일본도로공단, 혼슈시코쿠연락교량공단, 주택금융금고, 수도고속도로공단 등 6개 법인의 총재직에 규칙적으로 낙하산으로 내려갔다.

한편 현장직 공무원은 그 이미지대로 주요 건설업체 임원으로 많이 간다. 특수법인노동조합 연락협의회의 조사 결과에 따르면,[13] 고시 출신 전직 공무원 451명 중 204명45.2퍼센트 이 건설업체 등 민간 기업에 재취업한 것으로 나타났다. 이 조사는, 건설성 직할 사업의 직접적인 발주자가 지방 건설국장이기 때문에 "현장에 갈수록 업계 기업에 낙하산인사가 많은 것이 특징"이라고 지적했다. 낙하산으로 갈 곳은 얼마든지 있지만 사무차관과 같은 고위직은 특수법인, 현장직 공무원은 건설업체로 차별화되어 있다.

건설성에서 누군가가 낙하산으로 대형 건설업체에 가는 경우, 낙하산인사 한 명과 함께 수억 엔짜리 공공사업 수주가 간다는 말이 있다. 이러한 노골적인 '사탕'이 얼마나 만연해 있는지는 알 수 없다. 그러나 대형 건설업체가 낙하산인사를 받아들이는 이유가 이것만은 아니라고 생각한다. 건설직 공무원, 특히 토목 등의 기술직 공무원은 건설이나 토목에 관한 지식이 풍부할 뿐만 아니라 외모나 행동거지와 마음가짐이 작업 현장의 리더 같은 사람이 의외로 많기 때문이다.

내가 노동성에 막 들어갔을 무렵의 일이다. 각 부처에 들어온 고시 출신 공무원 전원이 참석한 연수가 올림픽기념 청소년종합센터에서 있었다. 아마도 레크리에이션 시간이었던 것으로 기억하는데, 도무지 고위 공무원이 될 거라고는 보이지 않는 운동복 바지 차림의 키 큰 남자가 몇 명 있었다. 모두 건설성의 토목 관련 기술직 공무원답게 독특한 분위기를 풍겼다. 마치 지적 분위기의 토목 인부 같은 모습이었다.

물론 공무원을 받아들이는 건설업체는 치밀한 계산을 할 테지만, 그들은 나름대로 적성을 지니고 있다고 생각한다. 이

책에서는 낙하산인사에만 주목하고 있으나, 일본의 토목 기술은 세계적으로 뛰어나며 족의원族議員. 이권에 개입하기 위해 정부 부처에 압력을 행사하는 국회의원을 이르는 말 — 옮긴이 주으로부터 해방될 수만 있다면, 의외로 건설 기술자의 진짜 실력이 새롭게 부각될지도 모른다.

수요가 증가세에 있는 경찰청

일본 경찰은 일반적으로 위신이 높다고 할 수 있다. 잘못된 기소나 부정부패가 없는 것은 아니지만, 여전히 신뢰받고 있다. 그러나 자기 식구에게 관대하다는 점은 부정할 수 없다. 낙하산인사를 살펴보면, 최근에는 치안이 악화되고 있어서인지 경찰 인재에 대한 수요가 높다. 전직 경찰관이 사회적 폭력에 얼마나 맞설 수 있을지, 얼마나 추진력을 갖고 있는지는 알 수 없다. 그러나 전직 경찰이라는 장점을 활용해 민간기업, 비영리법인을 불문하고 감사의 역할을 기대하면서 낙하산인사를 받아들이는 경우가 늘어나고 있다. 그런 의미에서 경찰은 능력 중심, 실력 중심으로 낙하산인사가 이루어지고 있다고 말할 수 있겠다.

하지만 경찰의 낙하산인사에 대한 실태 조사는 다른 부처에 비해 어려워 전모를 정확하게 파악할 수 없다. 업무 내용이 보안과 관련되므로 재취업 상황을 자세하게 밝히기 어려운 측면도 있다. 낙하산인사의 실태를 조사하기 위해 유명인사의 경력과 가족 구성원까지 자세하게 기재한 출판물을[14]

주로 사용하고 있지만, 모든 경찰청 출신의 재취업 직장이 망라되어 있지는 않다.

예를 들어 구 내무성 행정직 고시 출신 공무원 명부의 경우,[15] 1990년대 초까지는 고시 출신 공무원의 자택 주소가 기재되어 있었다. 나도 구 내무성 고시 출신 공무원이기 때문에 이 명부에 주소가 기재되어 있다. 지금 생각해 보면 1990년대 초는 아직 목가적인 시대였다고 할 수 있다. 그때부터 경찰청 고시 출신 공무원의 주소란에는 경찰청 소재지가 기재되었다. 보안을 내세워 특별 대우를 받고 있었던 것이다. 이로 미루어 다른 명부나 인명록에 재취업 직장이 모두 정확하게 기재되었다고 보기는 어렵다.

물론 이것은 경찰청에만 한정된 것이 아닐 수 있다. 어디까지나 주관적인 생각에 지나지 않지만, 1990년대 이후 낙하산인사에 대한 비판이 강해지면서 인명록 등에 자신의 경력이나 재취업 직장을 자랑처럼 장황하게 기재하는 고위 공무원은 줄어들지 않았을까 생각한다. 얼마 전까지만 해도 비상근이나 무보수를 비롯해 자신의 직책을 전부 적어 두고 자랑하는 이들이 있기는 했지만, 최근에는 가급적 기재하지 않으려는 사람이 많아졌다.

둔감하여 이목을 모으는 구 후생성

구 후생성 지금의 후생노동성 은 손해를 보는 부처이다. 똑같은 낙하산인사라도 경제산업성 공무원은 허용되지만, 후생성은 허용되지 않는 분위기가 있기 때문이다. 게다가 그러한 분위기는 해를 거듭할수록 강해지고 있다.

왜 그럴까? 후생성은 국민의 생명과 건강, 복지 등 사회안전에 깊숙이 관여하고 있어서다. 이를테면 약품 인허가를 통해 후생성과 제약업계는 밀접한 관계에 있어 과거에는 후생성 공무원이 대형 제약 회사에 낙하산으로 내려가기도 했다. 그러나 의약품 피해와[16] 같은 문제가 터지면 국민의 분노를 산다.

국민연금도 마찬가지다. 연금국은 업무가 과중하기로 유명하다. 특히 최근 연금 문제가 여야 정쟁의 대상이 되는 바람에 더욱 신경을 곤두세워야 하는 업무로 가득하다. 연금국에 오래 근무한 공무원이 연금 자금 운용 단체 등에 낙하산으로 내려갈 경우, 세계적인 불황이나 금융 위기 같은 불가피한 원인으로 자금 운용에 실패하기라도 하면 '내 돈 돌려 달라'는 거센 항의를 들어야 한다.

이런 의미에서 후생성 공무원은 딱한 구석이 없는 것도 아니다. 내 경험을 바탕으로 말하면, 후생성은 세상 사람들의 반응을 살피는 센스가 부족할 뿐만 아니라 세상 사람들의 이목을 무시하거나 자극하기까지 하는 경향이 있다. 또한 국민 생활에 도움이 되도록 봉사한다는 생각보다는 사회보장을 통해 국가와 질서를 유지한다는 인식이 강하다는 인상이 있다. 그렇기 때문에 의약품에 피해가 발생해도 아랑곳하지 않고 자신들과는 상관없다는 태도로 제약 회사에 낙하산으로 가는 것이다.

후생성 공무원들과 이야기를 나눈 적이 몇 번 있는데, 심신장애자와 사회의 갈등 해소법이나 신종 플루 등의 바이러스 대책에서 '격리'라는 발상을 상당히 좋아한다는 인상을 받았다. 물론 이는 나의 편견일 수도 있는데, 초기 신종 플루에 대한 과잉 반응을 보면 역시 후생성은 격리를 대단히 좋아하는 집단이라는 생각이 든다. 사회가 이에 대해 거부반응을 보이지 않는 것을 보면 왠지 두려움마저 느껴진다.

어쩌면 지나치게 친절한 사람은 복지나 사회보장을 냉정하게 추진하기 어려울지도 모른다. 내가 노동성에 근무할 때, 상사가 "나는 시험 성적으로 봐서는 후생성에 들어갈 수 있었지. 그런데 그런 냉혹한 일이 내키지 않았어. 힘겨워하는 공해 피해자나 의약품 피해자의 탄원을 무시하고 '후생성은 잘못이 없다. 절대로 배상할 수 없다'고 말할 수 있는 성격이 못 되거든"이라고 한 것이 떠오른다.

역대 후생성 사무차관 출신자의 낙하산 지정석은 연금복지사업단과 후생연금기금연합회, 아니면 의료금융금고와 환경위생금융금고 등 정부계 금융기관 총재직이다.

이권은 없어도 낙하산 자리 걱정 없는 구 노동성

관할하는 산업이 거의 없기 때문에 구 노동성지금의 후생노동성 공무원이 낙하산으로 갈 만한 곳이 다른 정부 부처에 비해 많은 편이라고는 할 수 없다. 낙하산으로 가는 곳은 대부분 특수법인이나 재단법인 등 비영리법인이다. 사무차관 출신 가운데 민간 기업에 재취업한 사람은 없고 노동복지사업단이나 고용촉진사업단의 이사장직이 지정석이다. 직업상담센터나 노동기준감독기관 등에 근무하는 비고시 출신 공무원은 이들 대규모 비영리법인의 광역 단체 지부에 낙하산으로 내려가는 경우가 흔하다.

나는 1990년에 노동성에 들어갔는데, 인기 부처는 아니었다. 게다가 민간과 관련된 이권이 없다는 점이 묘한 열등감으로 작용하는 부처였다. 내가 지금도 또렷이 기억하는 것은 리쿠르트사건이 발생한 직후, '노동성에서도 민간 기업에 영향을 미칠 수 있다'며 부처 내에 이상하게 흥분된 분위기가 감돌았다는 것이다. 이 사건은 리쿠르트의 에조에 히로마사 회장이 정계, 재계, 관계에 미공개 주식을 나누어 주면서 불거졌다. 노동성이 규제를 완화해 취업 정보지를 발간하도록 편의를 봐준 것으로 드러나 당시 과장이 체포되었다. 때마침 파견이나 직업 소개 등 인재 파견산업이 등장하던 시기여서 이 사건을 계기로 노동성이 업계와 이권이 얽혀 있다는 사실이 드러났다.

비리 사건이 발생하면, 정부 부처의 분위기가 전체적으로 가라앉는 것이 일반적이다. 그러나 당시에는 행정가에 아직 여유가 있었던 건지 '비리 사건이 일어난다는 것은 그 부처에 권한이 남아 있다는 증거'라는 어딘가 삐뚤어진 권력 의식, 권위 의식이 있었다.

그 뒤 노동성의 고위 공무원이 대형 인재파견업체의 임원으로 내려가는 경우는 없었다. 결국 노동성의 낙하산인사는 비영리법인으로 채워진다는 이야기다. 노동성은 산업 자체를 소관하지 않는다는 점에서는 경제기획청, 총무청, 환경성 등과 공통적이다. 하지만 이 부처들과 달리 노동성에는 낙하산으로 갈 만한 비영리법인이 상대적으로 많다. 2000년 이후 발표된 데이터를 보면, 특수법인이나 독립행정법인 · 공익법인에 두루두루 낙하산으로 내려가는 것을 확인할 수 있다. 이 법인들 중에는 여러 명을 한꺼번에 받는 곳이 적잖이 있다.

경제직으로 노동성에 들어온 사람에게 "경제기획청에 들어가지 않은 게 천만다행이야. 노동성은 지방에 직할 기관이 있고 낙하산으로 갈 만한 비영리법인이 꽤 있거든. 이 나이에 새로 공부해 대학교수가 되기도 어려운 일이잖나"라는 말을 들은 적이 있다. 노동성이라는 부처의 성격을 상징적으로 드러내는 말이다.

농부가 되기도 하는 농림수산성

한마디로 이렇다 할 특징이 없는 것이 농림수산성의 낙하산 인사다. 낙하산으로 갈 만한 민간 기업으로 식품산업이 있기는 하지만, 재무성이나 국토교통성에 비하면 많지 않다. 비영리법인 역시 엇비슷하다. 종합적으로 보면, 고시 출신이든 비고시 출신이든 주로 비영리법인으로 내려간다.

역대 사무차관이 낙하산으로 가는 곳은 일본중앙경마회 이사장이다. 이는 농림수산성 사무차관의 지정석이나 다름없다.

이와 관련해 재미있는 이야기가 있다. 농림수산성이 일본중앙경마회 이사장직을 지배하기 시작한 것은 제4대 이사장 이후다. 그때까지는 화족 출신이 이사장을 맡아 왔는데, 가장 유명한 사람은 '아리마 영주'라고 불리며 사랑받은 제2대 이사장인 아리마 요리야스다. 아리마는 일본에서 가장 빠른 말을 선정하는 '아리마기념상'을 만들었다.

아리마기념상과 농림수산성 사무차관의 낙하산인사는 꽤 깊은 관계가 있는 것 같다. 일부 사람들은 '아리마기념상이 왜 천황상보다도 위인가? 농림수산성의 사무차관이 천황보다 위대한가?'라고 비판한다. 아리마 이사장은 영주이며 농림수산성 공무원은 아니었지만, 이사장직이 농림수산성 사무차관의 낙하산 지정석으로 알려지면서 이처럼 오해하는 사람이 늘어났다.

역시 여담이지만, 다른 부처에 비해 농림수산성과 천황의 관계는 깊은 편이다. 왜냐하면 농림수산성 고위 공무원의 최대 업무 가운데 하나가 쌀 작황을 천황에게 보고하는 것이다. 쌀 작황에 신경 쓰는 쇼와천왕에게 농림수산성 고위 공무원이 1년에 몇 차례씩 보고했다. 쇼와천황에게 쌀 작황을 설명하는 것은 총리대신에게 농정을 보고하는 것보다 백배는 긴장되는 일이라 몹시 힘들다는 이야기를 들은 적이 있다. 쇼와천황에게 보고하기 한 달 전부터 농림수산성 내부에는 긴장감이 감돌며 '질문에 답변할 수 있을까?', '이 자료는 괜찮을까?' 하며 우왕좌왕했다고 한다.

마지막으로 농림수산성의 고위 공무원 중에는 사직한 후

농사를 짓는 사람이 꽤 있다. '농업으로 낙하산'이라는 에피소드는 농림수산성의 좋지 않은 이미지를 불식시키기에 최적이다. 그러나 사고쌀 곰팡이, 기준치 초과 잔류 농약 따위로 오염된 쌀. 비료나 사료 등으로 용도를 제한하여 매각해야 할 쌀을 식용으로 판매하는 부정 전매 문제로 발전한 사례가 있다 — 옮긴이 주 문제와 허위 근무 등 부정부패가 계속되어 그러한 긍정적인 측면이 전혀 보도되지 않은 것은 안타까운 일이다.

현역 장성은 어디든 가는 방위성

방위성구 방위청도 구 후생성과 마찬가지로 낙하산인사에 있어서는 득을 보지 못하는 곳이라고 할 수 있다. 담당 분야가 국방이라는 중차대한 업무이기 때문에 낙하산인사에 대한 시선은 매섭다. 그럼에도 불구하고 방위성은 최근 방위산업 등에 재취업하거나 그와 관련된 비리 등으로 주목받는 부처가 되었다. 미국에는 '군산복합체'라는 용어가 있다. 방위 분야는 배후에 거대한 이권이 얽혀 있어 산업과 정부 부처가 유착하기 쉬우며, 이 점은 어느 나라나 마찬가지다.

방위성에서 사무차관이 낙하산으로 내려가는 곳은 그렇게 화려하지는 않다. 그러나 2007년 처음으로 발표된 현역 장성 관련 낙하산인사 데이터를 보면, 보험업과 전기 기계 · 운송용 기계 · 정보통신 기계 · 철강 · 경비 · 서비스 등 다양한 업종으로 퍼져 있음을 알 수 있다.

사무차관 같은 최고위직의 재취업 직장은 빈약한 반면, 하급직은 다양한 민간 기업으로 내려가고 있다는 사실을 어떻게 해석해야 할까? 구 건설성과 마찬가지로 민간 영역에 낙하산으로 가거나 비영리법인으로 가는 등 암묵적인 경계선이 설정되어 있는지도 모른다. 또한 2007년에 재취업한 현역 장성 148명 중 고문이라는 직위로 재취업한 사람이 40명, 위촉이 36명으로 이를 합하면 절반이 조금 넘는다. 이는 경영의 중추를 맡기기보다는 방위성과의 커넥션을 기대해 재취업을 받아들이고 있는 것이 아닐까 하고 짐작할 수 있다.

한 민간 기업인은 방위성 공무원은 매너가 확실하며 사원에게 긍정적인 영향을 준다는 생각을 내비쳤다. 진위 여부는 알 수 없지만, 여전히 상명하달의 지휘명령 계통으로 움직이는 기업이라면 명령을 충실히 따르는 방위성 출신자가 사원의 모범이 될 수도 있을지 모른다.

방위성은 재무성이나 경찰청의 지배를 받아 왔고, 그 때문에 오랫동안 방위성 공무원은 사무차관이 되지 못했다는 특징이 있다. 사무차관의 재취업은 그 출신 부처에 따라 상당히 다르다는 점이다. 경찰 출신의 특색 없는 낙하산인사에 비해 특수법인 임원을 거쳐 재단이나 민간 기업 임원으로 옮겨 가는 재무성 출신 낙하산인사는 화려할 정도다.

안쓰러운 환경성, 구 총무청, 구 경제기획청

지금까지 정부 부처에 따라 낙하산인사의 특징을 살펴보았다. 끝으로 낙하산인사라는 선택지가 거의 없는 부처가 있다는 사실을 설명하겠다. 환경성이나 구 총무청, 구 경제기획청 등이 대표적이다. 이 부처들은 산업을 소관하고 있지 않아 소위 관련 업계가 없다. 따라서 눈에 띄는 것은 대학교수로의 변신이다. 사무차관과 같은 최고위직조차 대학교수로 이동한다.

다른 부처와 비교해 안쓰러울 정도다. 공무원들에게 물어보면, 최근에는 그쪽이 오히려 좋은 것이 아니냐고 반문한다. 왜냐하면 낙하산인사가 모든 악의 근원으로 간주되면서 공무원 비판이 격화되고 있어 재취업 직장이 줄어들고 있기 때문이다. 그러니 오히려 청렴하고 이미지가 좋은 부처가 이득이라는 것이다.

또한 혼자 힘으로 대학교수로 자리를 옮기는 것은 어쩐지 능력 있고 자립적이라는 인상을 준다. 관료를 그만두어도 자력으로 살아갈 수 있는 능력을 갖추고 싶어 하는 공무원이 늘어나고 있다.

이런 경향은 중앙 부처를 지망하는 학생에게서도 엿볼 수 있다. 예전에는 재무성에 들어가 주계국主計局. 국가의 예산 편성을 주관하는 부서 — 옮긴이 주이라는 엘리트 코스를 밟아 예산을 주무르는 것을 동경하는 학생이 많았다. 그러나 이제는 금융청에 들어가 금융 관련 전문 지식을 습득하고 싶다거나 내각부구 경제기획청에 들어가 전문 지식을 습득한 뒤 경제 전문가로서 자립하겠다고 생각하는 학생이 증가하는 추세에 있다.

이와 같이 국가공무원의 낙하산인사는 부처에 따라 상황이 상당히 다르다. 제2장에서 설명한 국가공무원 낙하산인사의

4대 특징인 규칙성, 성과주의, 생활 보장, 광범위성은 부처별로 정도의 차이가 있다표 6. 또한 부처마다 특성이 생기는 것은, 첫째 관련 산업이 있는가 없는가, 둘째 어떤 업계를 소관하고 있는가, 셋째 비영리법인이 얼마나 많은가 등에 의해서다.

부처 이기주의라는 비판을 받으면서도 위세를 떨치는 이유는 새로운 업계를 확보하거나 기존 업계를 집어삼키면 다양한 이권이 따라오기 때문이다. 다시 말해 부처 간의 신경전은 낙하산인사와 관련된 이권을 둘러싼 경쟁으로 보아도 틀리지 않다.

표 6. 부처별 낙하산인사의 특징

	낙하산인사의 특징			
	규칙성	성과주의	생활 보장	광범위성
재무성	◎	◎	◎	◎
경제산업성	○	◎	○	○
구 운수성	○	○	○	○
구 건설성	◎	◎	◎	◎
경찰청	○	○	△	◎
구 후생성	○	○	△	○
구 노동성	○	◎	△	○
농수성	◎	○	○	○
방위성	×	×	○	◎
환경성 등	×	×	×	×

제4장

고위 공무원의 낙하산 인생

퇴직 시 직무로 결정되는 재취업 직장

앞에서 보았듯이 공무원의 낙하산 인생은 어느 부처에 들어가느냐에 따라 크게 달라진다. 그러나 낙하산인사를 좌우하는 요소가 그것만은 아니다. 또 다른 중요한 요소는 퇴직 시의 직위다. 어느 직위로 퇴직했느냐에 따라 재취업 직장의 '순위'가 조금씩 변한다. 상당히 공무원다운 현상이다.

예를 들어 현재 사무차관 출신자는 어느 부처에 소속되어 있느냐와 상관없이 관련 비영리법인에 재취업하는 경우가 압도적이다. 민간 기업의 임원으로 재취업하는 사례가 있기는 하나 소수에 불과하며, 현재는 정계 진출도 없다.

사무차관 출신만 비영리법인에 재취업하는 것은 아니다. 국장급 이하도 마찬가지다. 하지만 재취업 직장의 격이나 지위가 변하고 있다. 사무차관 출신은 특수법인 · 인가법인 · 독립행정법인의 총재 혹은 이사장 등으로 내려가는 반면, 국장 출신자는 이사급의 '넘버투'가 된다.

또한 다수의 특수법인을 거느리고 있는 재무성과 구 건설성의 경우, 국장 출신자라도 예외적으로 특수법인 이사장으로 가는 경우가 있다. 또한 사무차관 출신자라도 파견, 이를테면 재무성에서 방위청으로 파견되어 사무차관이 된 경우는 한 단계 아래로 취급받는다.

사무차관이나 국장 출신과 달리 심의관이나 부장급, 과장급의 경우는 공익법인의 이사장이나 이사급이 많은 것 같다. 공익법인은 특수법인이나 독립행정법인과 비교하면 규모와 사회적 지위의 측면에서 뒤떨어지는데, 이 같은 순위가 정해져 있는 것이다.

사무차관 출신 대부분이 비영리법인에 낙하산으로 가는 이유는 다양하지만 특수법인 등 조직의 규모, 직무의 전문성, 사회적 지위나 조직으로서의 격, 업무에서 실패 가능성이 적은 리스크 측면의 안정성, 부처와의 친밀성 따위가 주된 이유다. 간단하게 말해 전에 함께 일하던 동료와 같이 일하는 것이 편하고 실패도 적다는 것이다.

어쨌든 이를 종합하면 관료들에게 '가장 달콤한 낙하산인사'가 무엇을 기준으로 이루어지는지 분명해진다. 즉 수입보다는 아무래도 '흠집이 나지 않을 곳', '사회적 지위', '자신이 정통한 업무', '돈에 얽매이지 않는 곳' 등이다.

물론 공무원이라고 돈을 무시하는 것은 아니다. 고위 관료 사이에는 '동창회 시세'라는 말이 있는데, 도쿄대학교 법대를 졸업하고 민간 기업에 취직한 동창생의 수입보다 고위 공무원의 수입이 밑돌지 않도록 한다는 뜻이다. 하지만 최근에는 이러한 동창회 시세를 고집할 여유가 없을 뿐만 아니라 적어도 나와 비슷한 세대에서는 이런 것을 신경 쓰는 고위 공무원이 많지 않다.

메뚜기인사의 법칙

소속 부처와 상관없이 사무차관과 국장 출신의 재취업이 한 번으로 끝나는 경우는 거의 없다. 세 번 이상 재취업을 반복하는 것이 지배적이다. 이런 의미에서 '낙하산인사=메뚜기인사'라고 볼 수 있다.

일본 정부는 2006~2008년 3년간 메뚜기인사가 29건 있었다고 발표했다. 그러나 이는 메뚜기인사를 매우 좁게 정의했을 때의 수치다. 일반적으로 '재취업 후 다른 곳에 다시 취업하는 공무원=메뚜기'라고 볼 때, 정부가 발표한 수치는 거짓말이라고 해도 과언이 아니다.

메뚜기인사에는 몇 가지 법칙이 있다.

첫째, 민간 기업 재취업을 중심으로 하는 메뚜기인사는 적다는 것이다. 역시 메뚜기인사의 중심은 비영리법인이다.

둘째, 재취업이 반복될수록 수준이 낮아지는 것이 일반적이다. 첫 번째 낙하산으로 특수법인이나 독립행정법인의 이사장이 되었다면 두 번째는 규모나 예산의 측면에서 그보다 순위가 낮은 재단법인으로 이동하고, 그후에는 재단이나 특수법인이 출자하고 있는 관련 회사나 규모가 작은 재단 식으로 수준이 떨어지는 것이 전형적이다. 부처와의 거리를 따지자면, 부처와 관련이 작은 조직이 된다. 물론 낙하산인사의 챔피언으로 불리는 재무성에서는 두 번째 이후의 재취업 직장도 격이 높은 특수법인이 포함되지만, 이는 어디까지나 소수에 불과하다.

셋째, 최악의 경우 메뚜기인사는 죽을 때까지 계속되기도 한다. 90세를 넘어서도 부처의 알선과 연출로 여기저기 이동하는 사례가 있다. 또한 이름을 밝힐 수는 없지만, 몇 개월에 한 번씩 도심의 공원에 자리 잡은 레스토랑에서 어떤 부처의 전직 사무차관들의 모임이 열린다. 여기에 현직 공무원이 불려가 정책 현황을 설명하는 것이 '관행'이다. 이때 전직 사무차관 중에는 "다음 재취업 직장으로 어디를 주선해 줄 건가? 사무차관 출신은 죽을 때까지 뒤를 봐주는 거야!"라며 현직 공무원을 윽박지르는 이도 있다.

낙하산인사의 무한 연쇄 작용

메뚜기인사는 왜 나쁜가? '불공평하다', '재취업할 때마다 퇴직금을 챙기는 것이 문제다' 등의 비난이 주로 있다. 그중에서도 고령의 전직 고위 공무원의 일자리를 알선하기 위해 불투명한 형태의 낙하산인사 전용 조직을 만드는 것이 가장 큰 문제다.

특수법인 등 거대한 비영리법인은 비효율적인 관리와 예산 낭비 따위의 문제점을 갖고 있어 항상 민영화 또는 폐지 시비에 휩싸인다. 그러나 그 위상이 논의되는 것 자체가 이들 특수법인이 매스미디어나 여론의 대상이 되고 있으며 어떠한 형태로든 감시가 미치고 있거나 어느 정도 역할을 담당하고 있다는 증거다. 다시 말해 역할이 커 뉴스로서 가치가 있기 때문에 매스미디어가 문제 삼는다는 것이다.

또한 이렇게 중요한 업무를 담당하는 조직을 관리하기 위해서는 일정한 경험과 지식이 요구된다는 사실을 대부분의 국민이 알고 있다. 이런 의미에서 보면, 퇴직 이후 사무차관이나 국장급 관료의 능력을 활용하는 것은 이해할 만한 부분이 없지 않다.

이에 반해 두 번째 이후 재취업 직장부터는 대개 이름이 덜 알려진 공익법인이나 민간 기업이 많아 그러한 조직 자체가 어떤 역할을 하고 있는지, 어떻게 설립되었는지, 필요성이 있는 조직인지 등 기본적인 사실조차 알려지지 않아 매스미디어나 여론에서도 좀처럼 감시하지 않는다.

이런 불투명한 조직 즉 나이 많은 전직 관료의 반복된 재취업을 위해 존재하는 조직은 특수법인, 인가법인, 독립행정법인, 어느 정도 규모가 있고 중앙 부처와의 거리가 가깝고 이사가 낙하산으로 내려오는 행정위탁형 공익법인 등이 자체적으로 출자하거나 영향력을 행사해 설립된다. 공익을 추구해야 하는 비영리법인이 출자해 회사를 설립하는 것 자체가 대단히 이상한 일이다.

1995년 2월 9일자 『아사히신문』에서 정리한 것을 빌리면, 특수법인 등이 독자적으로 재취업 직장을 만드는 방법에는 다음과 같은 네 가지 패턴이 있다.

① 우회형

예를 들어 구 일본도로공단은 법률로 출자가 제한되어 있어 도로공단의 직계인 재단법인 도로시설협회 등이 다양한 단체에 출자해 민간 기업을 설립하며, 거기에 국토교통성 출신이나 도로공단 출신이 낙하산으로 내려가는 구도가 생겼다.

② 직접출자형

일본방송협회NHK나 주택도시정비공단 등은 직접 출자가 허용되어 있어 독자적으로 관련 회사를 세운다. 주택도시정비공단의 경우, 출자회사의 자회사일본종합주거생활가 모회사보다 커졌다.

③ 지자체혼합형

특수법인이 지방에 만든 시설을 운영하기 위해 광역 지자체나 기초 지자체를 끌어들여 지자체 출자로 재단법인이나 기업을 만드는 경우다. 예를 들어 고용촉진사업단은 호텔과 회관을 정비하는 후쿠오카선팰리스를 설립한 뒤 운영을 후쿠오카시에 위탁했는데, 후쿠오카시는 후쿠오카현과 공동으로 출자한 재단법인에 재위탁했다. 이들 재단은 사업단이나 노동성 출신자가 임원 명부에 이름을 올리고 있는 곳이다.

④ 융자를 통한 재취업 확보정부계 금융기관

특수법인이 필요에 의해 관련 회사를 경영한다면 이는 합리적인 결정이라고 할 수 있지만, 실상은 새로운 재취업 직장을 만들기 위한 것이며, 이 진짜 목적은 은폐되어 있다.

특수법인 본사는 막대한 적자를 안고 있음에도 불구하고,

관련 회사는 매년 흑자를 기록하는 우량 회사인 최악의 경우도 있다. 구 일본도로공단은 자체적으로는 자회사를 갖고 있지 않으므로 공단 출신이 만든 재단법인 도로후생회와 도로시설협회가 관련 회사를 설립해 주차와 서비스 부문에서 식당 운영에 나서 이익을 챙기고 있으며, 도시정비공단의 자회사 역시 대폭적인 이익을 내고 있다.

이 사례들을 통해 알 수 있듯이 메뚜기인사를 전제로 하는 낙하산 시스템은 상당히 복잡하고 뿌리가 깊다. 재취업 직장이 다시 재취업 직장을 낳아 다단계판매처럼 재취업 직장이 끊임없이 늘어나고 있는 것이다. 그 결과, 누구도 제어할 수 없는 '진흙탕과 같은 낙하산 시스템'이 구축되어 가는 것이다.

재취업 직장인 거대한 특수법인과 반복되는 재취업 직장인 소규모 관련 법인의 관계가 복잡해져 비영리법인의 임원이 자회사 임원을 겸임해 '중복 급여'가 발생하거나 낙하산 임원의 좋지 않은 처우를 자회사의 급여로 메우는 등의 폐해가 현실화되고 있다.

임원을 겸임할 때, 일반 상식으로는 어느 한쪽을 무보수로 해야 한다. 그러나 사단법인 일본자동차연맹을 예로 들면, 전액 출자해 만든 자회사가 세 곳 있는데 감독관청인 경찰청과 운수성의 낙하산인사가 자회사 임원을 겸임하여 이중으로 보수를 챙기고 있다는 의혹을 받고 있다. 이에 대해 일본자동차연맹과 자회사는 부인하고 있으나, 결산 내용이나 내부 증언에서는 이중으로 챙기고 있다는 의혹은 계속해서 제기되고 있다.[17]

낙하산인사의 역사적 변화

역사적으로 보면, 정부의 피라미드 구조 가운데 정점인 사무차관 출신의 재취업처는 확실히 변해 왔다.

우선 1965년까지는 정치인으로의 변신이 눈에 띄었다. 대장성의 경우, 제2차 세계대전 이후 이케다 하야토 · 사토 이치로 · 무라카미 고타로 · 하토야마 이치로 · 아이자와 히데유키 등 다섯 명이 국회에 진출했지만, 1976년 정계에 진출한 아이자와를 끝으로 현재까지 정치인으로 변신한 사무차관은 없다.

사무차관 출신 이케다 하야토와 사토 에이사쿠운수성가 총리대신이 된 것에서 알 수 있듯이 당선 횟수에 기반을 둔 자민당의 일당 우위 시스템이 완성되기까지는 고위 관료로서의 경험이 대단히 중시되었다. 이에 반해 현재 정치인으로의 변신이 거의 보이지 않는 까닭은 당선 횟수 지상주의가 확립되어 고급 관료라고 하더라도 정치인으로서 가치가 크게 떨어졌기 때문이다.

이에 관한 전 부총리 고토다 마사하루의 명언이 있다. 고토다는 경찰청 장관을 지낸 인물로 수완가 · 능력자로 이름을 떨쳤으나, 경찰청 장관 자리까지 오른 뒤 정계에 입문했기 때문에 총리대신이 되지는 못했다. 그는 "공무원 출신이 총리대신이 되고 싶으면 40세 정도에는 정계에 진출해야 한다"라고 말했다.

정치인으로의 변신이 사라지면서 특수법인과 공익법인 등 비영리법인을 중심으로 한 낙하산 시스템이 대신했다. 논자에 따라 낙하산의 기원이 언제인가에 대한 의견은 다르지만, 고도성장기에 수많은 특수법인과 공익법인이 설립된 것을 고려하면 1960년대가 '전후 낙하산시스템의 완성기'라고 보아도 좋을 것이다. 이 시기 이후 대부분의 부처에서 마치 인사이동처럼 비영리법인을 기점으로 한 낙하산인사가 이루어지게 되었다.

나아가 1980년대 후반 이후 통산성과 같은 경제 부처조차 민간 기업 재취업이 어려워졌다. 이는 특수법인 등 비영리법인을 중심으로 한 낙하산 시스템이 가져온 부작용이었다.

예전에는 사무차관 출신 가운데 민간 기업에서 더욱 능력을 발휘하고 승진해 경영자로서의 능력을 꽃피운 사람이 있었지만, 1990년대 이후 그런 사례는 보이지 않는다. 비영리법인 중심의 낙하산 시스템이 완성되면서 개인의 능력이나 영향력에 의존한 낙하산인사는 줄어들고 있다고 해석할 수 있다. 또한 사무차관의 재취업처가 특수법인 등의 비영리법인으로 한정되어 가는 것과 보조를 맞추기라도 하듯 재취업처가 그만큼 넉넉하지 않게 되었다.

1986년 2월 16일자 『아사히신문』은 대장성의 1986년도 재취업 상황에 대한 대장성 내 의견으로 '고령화 사회를 맞아 세상살이가 팍팍해지면서 몇 년 전에 비해 좋은 직장이 적어졌다', '얼마 전까지는 가만히 있어도 주선하는 사람이 허다했는데, 지금은 취업할 곳을 찾아 머리를 조아리는 신세다. 이제는 일류 부처라고 할 수 없다'는 것을 소개했다.

또한 표면적으로 어딘가에 재취업하기는 했으나 직위가 좋지 않은 경우가 증가하고 있다. 1990년대 이후 통산성 사무차관의 재취업을 보면 '기업고문'이라는 직함이 눈에 띈다. 또 1987년 3월 8일자 『아사히신문』에 따르면, 사회 전반적으로 퇴직 연령이 높아지면서 선배 낙하산인사 때문에 자리가 좀처럼 생기지 않자, 고문이나 위촉 등의 직함으로 민간 기업에 입사하는 사례가 많아지고 있는 것이다.

일단 방석 기관을 거쳐 비난을 피한다

최근 사무차관 출신의 첫 번째 재취업에서는 일명 '방석 기관 또는 쿠션 기관'으로 불리는 조직으로 가는 사례가 늘고 있다.

방석 기관이란, 사회적 비판을 피하고 '재취업하기 위한 긴급 피난처 같은 조직'을 가리킨다. 재무성에서는 연구정보기금 이사장이나 재정금융연구소 고문, 경제산업성에서는 산업연구소 고문, 구 운수성에서는 항만근대화촉진협의회 회장이 방석 기관이 되고 있다. 방석 기관에 일단 재취업한 뒤 관심이 시들해지면 원래 가고자 했던 곳에 낙하산으로 내려가려는 심산이다.

낙하산에 대한 사회적 시선이 매서워져 현재 재무성의 연구정보기금은 사라졌지만, 그 속을 들여다보면 금융기관에서 자금을 모아 전직 사무차관에게 높은 급여를 주는 것만을 목적으로 했다는 소문이 있다. 확실히 연구정보기금의 역대 이사장을 보면, 초대 이사장은 재무관 출신이지만 그후에는 사무차관 출신이 즐비해 2대 이사장은 해외경제협력기금 총재로, 3대 이사장은 국민금융금고 총재에서 요코하마은행 행장으로, 4대 이사장은 일본수출입은행 총재로 취임했다. 역시 방석 기관의 이름에 어긋나지 않은 결과다.

낙하산 규제를 피하기 위해 방석 기관을 경유하는 사례는 예전에도 있었다. 공무원은 퇴직 후 2년간은 관련 민간 기업에 재취업할 수 없었기 때문에아베 내각에서 제도를 바꾸어 잠정적 규제가 있지만 자유롭게 재취업할 수 있다, 우선 2년간은 관련 재단법인에 재취업하고 나서 시간이 지나면 원래 가고자 했던 민간 기업에 재취업하는 식이다.

이러한 종류의 행동 패턴을 '우회'라고 부르는데, 최근에는 공무원에 대한 민간 기업의 수요가 줄어들고 있어 그 수가 예전만큼 많지는 않다.

방석 기관은 아니지만, 최근에 눈에 띄는 것은 대학교수로의 이동이다. 재무성이나 외무성과 같이 명문 중의 명문 부처 출신의 고위 공무원이 대학교수로 옮기는 예는 분명 증가하고 있다. 사무차관이나 국장의 경우는 세상의 눈이 무서워 설사 방석 기관에 재취업하더라도 매스미디어로부터 비판받을 가능성이 갈수록 커지고 있다. 이에 비해 대학교수로 이동하면 비판을 받지 않을 거라는 계산이 깔려 있다. 대장성이 주택금융전문회사 문제로 비난의 화살을 받고 있을 때, 은행 행정의 책임자인 은행국장은 대학교수가 되었다.

그들 모두 단순히 한시적 교수냐 하면 반드시 그렇지만은 않다. 사무차관이나 국장 출신은 '학자로서도 그에 상응하는 실력을 발휘할 부분'이 다분히 있다.

행정 관료로서 고위직에 올랐던 사람이 과연 진정으로 원해서 학자로 일할 것인지는 알 수 없지만, 내가 아는 한 고위 관료를 지낸 사람은 정치인과의 협상 등에 뛰어날 뿐만 아니라 세부적인 업무에도 정통하며 지적 호기심이 대단히 강한 사람이 압도적으로 많다.

여론의 힘

이와 같이 낙하산인사 자체는 변함없이 이어져 오면서 그 내용이 크게 달라졌다.

도대체 무엇이 변화를 일으키고 있는가. 의외라고 생각할 수 있으나, 가장 강력하게 작용한 것은 여론이다. 거만하게 보이는 관료는 사실 보통 사람이 상상하는 이상으로 항상 여론의 동향에 신경을 쓴다.

다음 장에서 살펴보겠지만 세금 낭비나 정政·관官·업業 유착이나 뇌물 사건 등 국민이 낙하산을 혐오하는 이유는 다양한데, 그 가운데 가장 서민 감정을 거스르는 것은 무엇보다도 관료가 가진 특권이다.

민주주의와 시장원리주의의 시대에 고급 관료가 특권처럼 노후를 보장받는 것은 상당히 불합리하게 비친다. 공무원은 경쟁 없는 세계에서 보호받고 퇴직 후에도 우대받는다. 자신의 노동조건에 비해 공무원이 너무 많은 혜택을 받는다고 생각하는 국민의 거부반응은 최고조에 이르렀다.

하지만 공무원의 노동조건에 대한 국민감정은 그때그때 정치 · 경제 정세에 적잖이 좌우된다. 인간의 감정을 생각하면, 불황으로 사회 전체가 어두운 때에 공무원에 대한 비판이 거세지는 것은 당연한 일이다. 개인적으로는 이러한 '민관의 노동조건의 괴리', '시대적인 경제 상황'이야말로 낙하산이 혐오를 받는 최대 이유라고 생각한다. 이에 대해서는 뒤에서 검증하도록 한다.

인사원이 매년 실시하는 '국가공무원에 관한 모니터'를 바탕으로 국민이 공무원의 어떤 점을 문제시하고 있는가를 보면, 낙하산인사를 꼽는 사람의 비율은 대단히 높아 2004년도 조사 이후 줄곧 공무원의 문제점 1위를 차지하고 있다.

이와 같은 결과를 보이는 것은 인사원의 조사만이 아니다. 내각부가 2007년 2월에 실시한 '공무원제도에 관한 특별 여론조사'에서도 국가공무원제도의 문제점으로 "낙하산이 많다" 75.5퍼센트, "실적이 좋지 않아도 신분을 보장받는다" 65.1퍼센트, "급여가 민간과 비교해 높다" 56.7퍼센트, "수가 많다" 65.4퍼센트, "인사가 채용 시험의 종류나 연공서열 위주로 이루어져 경직되어 있다" 37.1퍼센트 등의 순으로 낙하산을 공무원제도의 최대 문제점으로 지적하는 의견이 압도적으로 많다.

또한 1994년 5월 『아사히신문』이 실시한 여론조사에서 "관료가 민간 기업이나 정부의 외곽 단체 등에 재취업하는 것을 어떻게 생각합니까?"라는 질문에 응답자의 49퍼센트가 "기업과의 유착으로 이어진다"라고 답한 반면, "인재를 활용하게 된다", "재취업처의 하나다"라고 답하며 긍정적으로 받아들이는 사람은 13퍼센트에 불과했다.

일본 국민은 낙하산인사를 매우 싫어하는 것이다.

낙하산인사가 처음부터 혐오의 대상은 아니었다

낙하산인사라고 해서 애초부터 혐오 대상이었던 것은 아니다. 구 총리부가 1973년과 1988년 실시한 '공무원에 관한 여론조사'를 보면, 낙하산인사에 대한 견해는 격세지감을 느끼게 한다.

1988년 실시된 '공무원에 관한 여론조사'에서는 공무원의 퇴직 후 생활과 낙하산인사에 대해 흥미로운 결과가 나왔다. 우선 "공무원의 퇴직 후 생활은 민간 샐러리맨의 퇴직 후 생활과 비교해 풍족하다고 생각합니까? 그렇지 않다고 생각합니까?"라는 질문에 "풍족하다"48.5퍼센트, "풍족한 편이다"34.1퍼센트를 합쳐 80퍼센트를 넘는 대부분의 사람이 공무원의 노후 생활은 풍족하다는 인식을 갖고 있었다.

또한 이 조사에서는 "왜 그렇게 생각하십니까?"복수 응답라는 질문을 했는데, 이에 대한 응답은 "퇴직금이 많다"65.9퍼센트, "연금이 많다"57.2퍼센트, "재취업이 용이하다"26.8퍼센트 등의 순이었으며, 재취업이 용이하다고 해서 공무원이 풍족한 생활을 하고 있다고 생각하는 사람이 반드시 다수를 차지하는 것은 아니라는 사실을 알 수 있다.

이러한 공무원의 노후에 대한 인식은 낙하산인사에 대한 인식에도 드러난다.

"공무원이 재직하던 부처와 관계가 깊은 민간 회사나 공단, 금고 등에 임원 등으로 재취업하는 것에 대해 당신의 생각은 다음 중 어디에 가깝습니까?"라는 질문에 우선 민간 회사 재취업에 대해서는 "재직 중에 얻은 전문 지식과 기능을 재취업처에서 활용할 수 있어 유익하다"12.6퍼센트, "퇴직 후 직업 선택은 자유이므로 특별한 문제는 없다"25.4퍼센트, "행정의 공정성을 저해하지 않는다면 취업해도 지장 없다"20.3퍼센트, "행정의 공정성을 저해할 우려가 있으므로 바람직하지 않다"17.4퍼센트, "행정의 공정성을 저해하므로 금지해야 한다"8.0퍼센트, "모르겠다"16.0퍼센트 등으로 답해 놀랍게도 민간 기업에의 재취업을 부정적으로 생각하는 사람은 소수였다.

마찬가지로 "공단, 금고 등의 경우는 어떻습니까?"라는 질문에도 민간 기업 재취업에 대한 질문과 비교해 조금 낮은 수치가 나왔지만, 공무원의 재취업=낙하산에 반드시 부정적인 것은 아니었다.

시대를 거슬러 올라가 1973년 실시된 '공무원에 관한 여론 조사'에서도 유사한 경향을 볼 수 있다. 이 조사에서는 "최근 공무원에 관한 일로 당신이 관심을 갖게 된 것은 무엇입니까?"라는 질문에 대한 응답은 "공무원의 주 2일 휴무제"11.9퍼센트, "급여나 퇴직금 등 처우 문제"11.2퍼센트, "뇌물 사건"11.1퍼센트, "공무원의 파업권"11.0퍼센트, "공무원의 근무 태도"6.7퍼센트, "낙하산인사"6.3퍼센트, "공무원 시험"2.2퍼센트 등의 순으로, 낙하산인사에 대한 관심은 확실히 낮다. 한편 공무원의 파업권이라는 오늘날에는 화제가 되지 않는 응답이 높은 비율을 차지했다.

"당신은 최근 공무원에 대해 어떤 이미지를 갖고 있습니까?"복수 응답라는 질문에 대한 응답은 높은 순으로 "없다, 모르겠다", "딱딱하다", "성실", "융통성이 없다"는 것이었으며, "낙하산"은 겨우 2.9퍼센트이었다. 25개 항목 가운데 하위 5위에 그쳤다.

다음으로 1988년의 조사와 같은 "공무원이 재직하던 부처와 관계가 깊은 민간 회사나 공단, 금고 등의 임원 등으로 재취업하는 이른바 낙하산인사에 대해 당신의 생각은 다음 중 어디에 가깝습니까?"라는 질문에 대한 응답을 보면, "행정의 공정성을 저해할 우려가 있으므로 바람직하지 않다"25.3퍼센트, "행정의 공정성을 저해하므로 금지해야 한다"12.4퍼센트, "직업 선택은 자유이므로 어디에 재취업하든 상관없다"18.4퍼센트, "재직 중에 얻은 전문 지식과 기능을 민간 기업에서 활용할 수 있어 유익하며 어디에 재취업하든 상관없다"12.9퍼센트, "기타"0.7퍼센트, "모르겠다"30.4퍼센트 등이었다. 분명 낙하산에 긍정적인 사람이 30퍼센트 이상이나 존재한다. 1988년의 38퍼센트와 비교하면 약간 낮지만, 그럼에도 크게 평가가 엇갈린다고는 할 수 없다.

이 결과들을 보면, 지금과 달리 낙하산인사에 대해 그렇게 부정적인 여론이 형성되지 않았음을 알 수 있다. 당시는 급속한 경제성장이 계속되어 어디에 근무하든 밝은 미래가 보이던 시대였다. 게다가 노동조건은 종신 고용, 노사 협조, 연공서열의 처우 등으로 안정되어 있었다. 물론 중소 영세기업의 경우에는 반드시 '세 가지 신기神器' 원래 이는 생활필수품으로 불리는 전자제품을 가리키는데, 여기에서는 앞에서 열거한 종신 고용·노사 협조·연공서열의 처우를 뜻하는 것으로 보인다. 덧붙이자면 1950년대의 세 가지 신기는 흑백텔레비전·세탁기·냉장고였으며, 1960년 후반의 세 가지 신기는 컬러텔레비전·에어컨·자동차가 꼽혔다. 2000년대에는 디지털카메라, DVD레코더, 디지털텔레비전이 '디지털 신기'가 되었다 — 옮긴이 주를 모두 갖추고 있는 것은 아니지만, 경제성장이 그러한 불안정성을 감싸고 있었다.

또한 흥미로운 것은 낙하산인사에 대한 이와 같은 목가적 평가는 낙하산인사 문제를 전문적으로 다루어야 할 정치학 분야에서 중요한 과제로 인식하지 않았다는 사실과도 일치한다.

정치학의 대표적인 사전인 『정치학사전』1989 에는 '낙하산인사'는 아예 들어 있지 않다. 마찬가지로 『현대정치학소사전』 제1판 1978 은 물론 제16판 1988 에도 게재되어 있지 않다가 『현대정치학사전』1991, 『정치학사전』2000에 이르러 실려 있으니 '낙하산인사'에 대해 문제의식을 갖게 된 것은 역시 1990년대 이후다.[18]

덧붙여 사회적·경제적 정세가 국민의 '공무원관', '낙하산관'에 보다 큰 영향을 미치고 있음을 낙하산인사에 대한 국민의 견해가 1973년 조사보다 1988년 조사에서 호의적인 것으로 알 수 있다. 1973년은 제1차 오일쇼크가 있던 시기다. 그에 반해 1988년은 버블 경제의 정점이었다. 이와 같은 시대적 차이가 공무원과 낙하산인사에 대한 국민의 관점에 어떤 영향을 주고 있는가는 확실하지 않은 부분도 있지만, 1990년대 이후 인사원의 설문조사와의 차이를 고려하면 당시 경제와 고용 상황, 나아가 민과 관 사이의 노동조건 괴리가 큰 영향을 주었다고 판단해도 좋을 것이다.

제5장

낙하산인사의 폐해

낙하산인사가 빚는 세금 낭비

낙하산인사는 다양한 문제를 초래하는데, 그 가운데 가장 먼저 떠오르는 것은 세금 낭비일 것이다. 고급 관료가 낙하산인사로 자리를 차지하고 있을뿐더러 존재 의의조차 납득할 수 없는 특수법인이 존재하고 있다. 방송에서는 연일 이 같은 세금 낭비의 상징적 사례를 들추어내고 있다.

도대체 낙하산인사를 위해 얼마나 세금이 투입되고 있는 것일까? 중의원 조사국이 2008년 3월 실시한 '국가공무원의 재취업 상황에 관한 예비조사'에 따르면, 국가공무원의 재취업자가 적을 두고 있는 특수법인과 독립행정법인 등의 수는 4696개, 이 법인들이 받고 있는 금전적 지원은 약 13조 엔우리 돈으로 약 135조 원이라고 한다.

이 금액에는 필요 불가결한 사업 예산도 포함되어 있어 전부 낙하산인사의 인건비라고 할 수는 없으나, 현직 국가공무원의 인건비가 연간 5조 엔약 52조 원 정도라는 점을 감안한다면 막대한 세금이 비영리법인에 투입되고 있다는 것은 분명한 사실이다.

비판이나 개혁을 하기 위해서는 철저한 현상 인식이 불가결한데, 낙하산인사에 투입되고 있는 세금의 규모를 정확하게 파악하기가 점점 어려워지고 있다. 그 원인은 메뚜기인사다. 낙하산인사가 한 번으로 끝나는 경우는 거의 없다. 퇴직 시의 연령과 연금 지급 개시 연령 · 수명 연장 · 사회 전반의 고령화 등을 고려할 때, 관공서에서는 모든 지위의 임원에게 65세까지 자리를 알선하고 있다고 해도 과언이 아니다.

이에 제4장에서 살펴본 바와 같이 낙하산인사가 또 다른 낙하산인사를 낳는 악순환이 일어나고 있는 것이다. 그리고 두 번째 이후의 낙하산인사를 알선하기 위한 소규모 민간 기업과 비영리법인이 늘어나면, 이를 감시하거나 누가 어떤 이유로 재취업하고 있는가를 포착하기란 점점 곤란해진다.

관공서와 재취업처의 불투명한 관계

낙하산인사가 불러일으키는 두 번째 폐해는 이익을 매개로 한 관공서와 재취업처 간의 불투명한 관계이다. 이는 사회 전체적인 불이익으로 이어진다.

낙하산인사를 받아들이는 측에서는 나름의 목적의식이 있다. 자원봉사 차원에서 낙하산인사를 받아들이는 조직은 없다. 첫 번째 목적은 '정보 입수 및 연줄 형성'이다. 정부 부처와 인맥을 쌓아 업무를 원활하게 추진하거나 부처가 발주하는 사업을 수주하고 자신들에게 유리한 규제제도를 유지하려는 것이다. 시장에 노출되어 있는 민간 기업의 업무는 언제나 불안정하지만, 정부로부터 낙하산인사를 받아들여 그런 불안정을 불식시키려는 의도다.

이러한 행위는 비록 불법은 아니더라도 낙하산을 보내는 측과 받아들이는 측 사이에 불투명한 관계를 양산해 결국 사회 전체에 다양한 불이익을 안겨 준다. 예를 들어 국내 서비스업 등 강력한 경제적 규제가 있는 업계에서 정부와 업자가 유착해 규제를 유지할 경우, 소비자는 높은 가격의 제품이나 서비스를 구입할 수밖에 없다. 또한 공공사업에서는 입찰 예정가격과 낙찰 가격의 차가 작다는 이유로 퇴직한 공무원을 통해 입찰 가격을 빼내는 사례가 종종 입에 오르내린다.

물론 이러한 불투명한 관계를 지속하는 것은 낙하산인사를 받아들인 측에 커다란 위험 부담이 되기는 하나, 낙하산인사 수용을 중단하지 않는 까닭은 위험 부담을 훨씬 뛰어넘는 대가가 있기 때문이다.

위험을 무릅쓰면서까지 민간 기업이 낙하산인사를 받아들이는 이유는, 우선 낙하산인사를 통해 관공서의 정보를 파악하는 동시에 로비를 할 수 있기 때문이다. 행정기관에서는 채용 연차를 중심으로 종적인 인간관계를 중시하므로 낙하산인사의 인간관계가 막강한 힘을 발휘한다. 퇴직 공무원의 지식과 능력이 아니라 그들의 부처 내 인간관계를 이용할 수 있는 이점이 크다.

1991년 나는 고베의 노동기준감독서에 근무하고 있었다.

노동기준감독서는 임금 미지급, 과로사, 산업재해 등의 불만과 분쟁을 처리하는 곳이다. 나는 후생노동성이 파견한 견습직원 같은 존재였는데, 제법 잘 어울린다는 소리를 듣던 작업복 차림을 하고 여러 사람이 방문하는 것을 관찰했다.

곧바로 대형 종합 건설 회사를 중심으로 건설 회사의 임직원이 뻔질나게 감독서를 방문하고 있음을 알아차렸다. 잠시 자리를 비우면 건설 회사의 높은 분 명함이 책상에 쌓였다. 게다가 놀랍게도 노동기준감독서 출신 가운데 대형 종합 건설 회사 등 건설 회사에 낙하산으로 내려간 사람이 많다는 사실을 알게 되었다.

대형 종합 건설 회사에게 가장 곤란한 일은 노동기준감독서로부터 산업재해나 안전·위생 미정비를 지적받는 것이므로 노동기준감독서에 관한 정보를 원하기 마련이고, 그래서 노동기준감독서 출신 낙하산을 받아들이는 것이다.

그들을 통해 건설 회사가 노동기준감독서에 로비 활동을 벌이려는 의도가 전혀 없다고 말할 수는 없다. 노동기준감독서가 산업재해에 둔감한 회사라는 딱지를 붙이기라도 하면 회사의 평판은 내리막길을 걸어 도산할 위험마저 있다. 종합 건설 회사 등 대기업의 입장은 특히 그러하다.

이와 같이 전직 공무원이 현직 공무원에게 영향력을 행사할 수 있다는 것은 어떤 의미에서 정부의 대응이 안일하다는 뜻이다. 전직 공무원이 현직 공무원에게 정보를 알려 달라고 로비 활동을 하더라도 처벌하지 않으니까 로비 활동이 활개를 칠 수 있는 것이다.

니가타현청에서 과장으로 근무할 때, 우리 부서에는 사무직과 기술직이 모두 있었다. 과장 자리는 사무실 전체를 볼 수 있는 위치에 있어 부하 직원 한 사람 한 사람이 어떤 일을 하고 있는지 잘 알 수 있었다.

어느 날 꽤 나이 든 사람이 머리를 연신 조아리며 젊은 기술직 공무원에게 무언가 이야기를 하면서 명함을 건네는 광경을 보았다. 무언가 이상한 느낌이 들어 부하 직원에게 사정을 물었더니, 그 나이 든 사람은 퇴직한 기술직 공무원인데 지금은 민간 기업의 영업을 하고 있다는 것이었다. 아마도 관공서와 연줄을 만들 목적으로 받아들인 낙하산인사로, 젊은 공무원에게 이런저런 기회를 얻으려는 모양이었다. 젊은 공무원은 세상 돌아가는 이야기를 했을 뿐이라고 말했지만, 관공서와 재취업처 간의 불투명한 관계는 지방의 자치단체에도 분명히 존재하고 있음을 엿볼 수 있었다.

민간 기업이 관료의 낙하산인사를 받아들이는 또 다른 이유는 중앙 부처의 방대한 업무 때문이다. 이를테면 노동후생성의 경우, 고용에서 연금 · 의료 · 장기요양까지 방대한 업무를 담당한다. 따라서 낙하산인사를 한 명 받아들여 그의 인간관계를 최대한 활용한다면, 다양한 분야에 걸친 업무의 실마리를 발견할 수 있다.

한때 방위청의 조달본부와 방위산업의 유착 문제로 구속 사건이 있었다. 체포된 본부장과 부본부장은 얼핏 보면 방위청과는 전혀 관계없는 것처럼 보였으나, 사실은 생명보험회사와 손해보험회사로 낙하산인사를 한 이들이었다. 그 배경에는 엄청난 수의 자위대원을 보험에 가입시키려는 보험 회사의 전략이 있었다고 한다.[19] 겉만 보아서는 낙하산인사의 목적을 파악하기 어려운 전형적인 사례다.

일본에서 관청이 모여 있는 가스미가세키에는, 뜻밖의 장소나 엉뚱한 일로 과거의 원한을 갚는다는 뜻의 '에도의 적을 나가사키에서 친다'라는 말이 있다. 즉 어떤 제약 회사가 후생노동성의 비위를 거슬렀다면 그 회사가 장기요양 부문에 참여하려고 할 때 후생노동성이 보복한다는 이야기다. 그만큼 중앙 부처의 업무 범위는 광범위하다.

이익 공여라는 단물

낙하산인사로 인한 세 번째 폐해는 낙하산인사를 받아들인 측의 활력이 떨어지거나 조직으로서의 경쟁력이 약화된다는 점이다. 민간 기업이 낙하산인사를 받아들이는 대가로 관공서로부터 사업을 얻어 낼 경우, 얼핏 보면 기업에는 이익이 될 것 같지만 사실은 창의력을 기를 수 있는 기회를 잃어버리기도 하고, 낙하산인사 때문에 승진 기회를 놓친 사람도 나온다.

건설 회사를 예로 들어 보자. 낙하산인사를 받아들이면 공공사업과 관련된 공사를 수주할 수 있어 단기적으로는 이보다 더 좋을 수가 없다. 수주 금액과 낙하산인사의 급여를 비교할 경우, 확실히 이익이다. 그러나 이를 계속하면 관청 수요에 의존하는 기업 체질로 변질되고 만다. 때에 따라서는 사업을 확보하기 위해 불법적인 수단으로 밀어붙이는 경우가 생겨 장기적으로 보면, 기업이 낙하산인사를 받아들이는 것이 반드시 플러스로 작용한다고는 할 수 없다. 그럼에도 공공사업과 관련된 비리, 관제 담합, 낙하산인사가 끊이지 않는 것은 수주 사업의 금액이 엄청나기 때문이다.

한 대형 종합 건설 회사 간부는 "한 사람을 낙하산인사로 받아들이면 해당 부처의 과장급은 10억 엔 단위, 지정직일반직 국가공무원 혹은 지방공무원 가운데 지정직봉급표라는 급여표가 적용되는 고위직 공무원을 말한다 — 옮긴이 주 이상의 핵심 간부면 수십억 엔의 수주가 예상된다"고 했다.[20] 또한 도로공단이 발주하는 공사의 수주 상황과 도로공단 출신의 낙하산인사는 관련이 있으며, 낙하산인사의 수용 인원 수에 따라 발주액이 크게 달라진다는 이야기가 있다.[21]

이러한 낙하산인사의 수용과 이익 공여 관계의 실상은 얼마나 알려져 있는 것일까?

우선 관공서의 계약 방식을 확인해 보자. 관공서가 재화와 용역을 구입할 경우의 계약에는 두 종류가 있다. 하나는 일반 경쟁 입찰, 지명제한 경쟁 입찰 등의 경쟁 계약'이다. 이는 입찰 금액이 가장 낮은 업체와 계약하는 방식이다. 다른 하나는 수의계약으로, 미리 계약 상대를 정하는 계약을 말한다.

기회 균등의 유지 측면에서 일반 경쟁 계약이 원칙이라고 하지만, 현실에서는 계약 금액이 작다는 등의 이유 때문에 수의계약을 할 수밖에 없는 때가 있다. 예를 들어 문구점에서 연필을 구입하기 위해 매번 경쟁 입찰을 실시하는 것은 비합리적이다.

회계검사원이 2007년 10월 실시한 조사 각 부처가 체결하고 있는 수의계약에 관한 회계 검사에 따르면, 수의계약의 체결율은 60퍼센트 정도를 차지하고 있다. 원칙적으로 경쟁 입찰로 결정해야 하므로 아무래도 60퍼센트는 너무 많다. 그러니 '관공서는 지나치게 수의계약에 의존해 불투명하다'는 거센 비난을 받을 수밖에 없다.

60퍼센트도 놀라운 숫자지만, 많은 퇴직 공무원을 받아들이는 공익법인으로 한정하여 수의계약 비율을 보면 무려 85.9퍼센트까지 올라간다. 이 숫자를 어떻게 해석할 것인가에 대해서는 논의의 여지가 있으나, 낙하산인사와 수의계약은 상관관계가 있다는 것은 부인할 수 없는 사실이다.

임원 모두가 낙하산인 조직도 존재

낙하산인사가 계속되면, 관공서와 재취업처 사이에 '갑을 관계'가 성립되어 조직으로서의 자립성조차 사라져 버리는 폐해마저 생긴다.

갑을 관계는 낙하산인사를 받아들이는 측의 상황에 관계없이 일방적으로 중앙 부처가 낙하산인사를 강요해 장기간에 걸쳐 특정 지위를 지배하는 상태라고 정의할 수 있다. 도대체 이러한 종속적인 관계는 얼마나 존재하는 것일까?

우선 민간 기업은 인허가 등의 관계에서 특정 부처와의 수의계약처럼 예외적인 경우를 제외하고는 경기 변동의 영향을 크게 받아 일방적인 갑을 관계가 성립하기 어려울 것으로 생각된다. 이에 비해 특수법인, 인가법인, 독립행정법인, 공익법인 등 비영리법인은 조직 운영에서 기관장 임명, 보조금 등을 통한 조직 운영비에 이르기까지 관련 부처의 영향이 미치기 쉽기 때문에 갑을 관계가 발생하기 쉽다.

특수법인노동조합 연락협의회는 갑을 관계가 실제로 형성되고 있음을 증명하기 위해 조사를 실시했다. 그 결과 특수법인 임원의 낙하산인사 비율 추이와 낙하산인사가 전체 임원 수를 차지하고 있는 법인의 수치 등이 나왔다.

그림 2를 보면 임원의 낙하산비율은 매년 감소해 내부 등용 비율이 커지고 있기는 하지만, 1990년대에 들어서도 여전히 절반 이상은 낙하산 임원이 차지하고 있다. 또한 그림 3에서는 '모든 임원이 낙하산인사'인 법인의 수는 매년 차이가 있지만, 낙하산 임원 100퍼센트인 조직이 항상 존재해 왔다.

특수법인노동조합 연락협의회가 정리한 『낙하산인사백서』에서는 이와 같은 지표 외에 임원의 재직 기간, 직원과 임원의 비율, 임원의 연령, 임원의 급여 및 퇴직금, 메뚜기인사 등 다양한 조사를 실시하고 있는데, 이 지표들을 보면 정부 부처와 비영리법인 사이에는 갑을 관계의 경향이 있다는 점을 부정할 수 없다.

특수법인노동조합 연락협의회는 낙하산인사에 비판적 입장이므로 조사에는 다소 편향이 있을 수 있다. 그리고 정부는 2003년 이후 숫자만 밝히고 있기 때문에 비교하기는 어렵지만, 그럼에도 낙하산 임원의 비율이 감소하고 있다는 것만은 확실하다그림 4.

그림 2. 특수법인 임원 비율

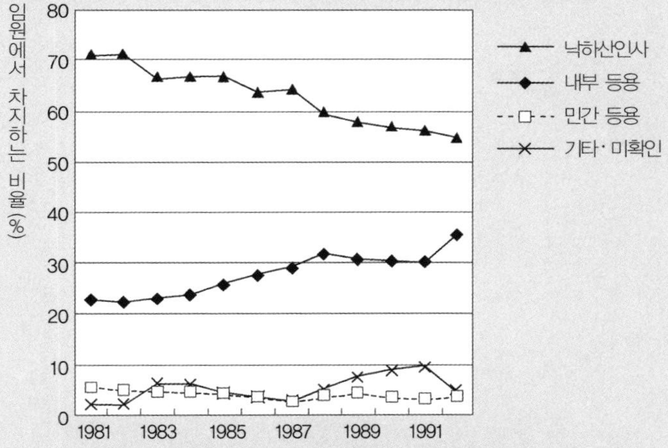

* 정부 관계 특수법인 노동조합협의회 『낙하산인사 백서』(각 연도판)에 근거하여 작성

그림 3. 임원 전원이 낙하산 임원인 특수법인의 수

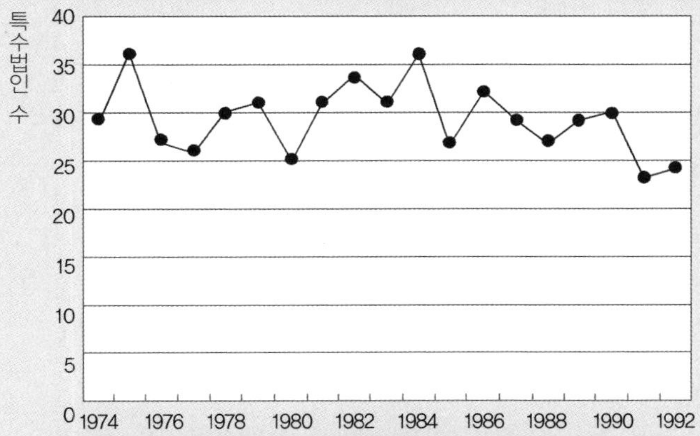

* 정부 관계 특수법인 노동조합협의회 『낙하산인사 백서』(각 연도판)에 근거하여 작성

그림 4. 낙하산인사의 비율

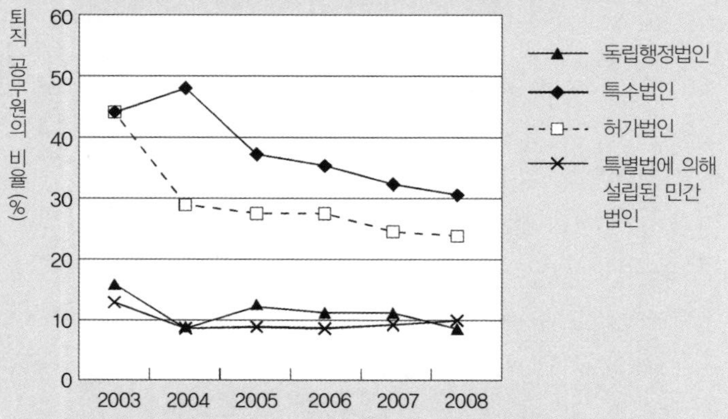

* 「독립행정법인 등의 임원에 취업한 퇴직 공무원 등의 현 상황 공표에 대해」(각 연도판)에 근거하여 작성

정·관·업의 유착

세금 낭비, 불투명한 관계, 낙하산인사를 받아들이는 측의 활력 저하, 갑을 관계 등 낙하산인사의 부정적 측면을 제시했지만, 실은 이 폐해 모두를 포함한 '악'이 존재한다. 바로 정·관·업 유착이다.

정·관·업 유착이란 정치인·관료·업계의 삼자가 유착해 단물 즉 이권을 빨아들이는 현상을 말하는데, 그 중심에 낙하산인사가 자리 잡고 있는 경우가 적지 않다.

전형적인 정·관·업 유착의 사례로 경쟁력이 없는 국내 산업의 경제적 규제를 생각해 보자. 세계와 경쟁하는 제조업과 달리 내국인을 상대로 하는 서비스업은 과당경쟁을 두려워한다. 기업 간에 경쟁해 절차탁마할 생각을 하기보다는 피 터지는 전쟁이 되어 공멸할 것을 두려워하는 것이다.

후생노동성에 있을 때 '생활위생 관계 영업'이라는 업계를 담당한 적이 있다. 생활위생 관계 영업이란 생활에 밀착된 서비스를 제공하는 업종으로, 구체적으로는 이발 · 미용 · 목욕탕 · 여관 · 세탁소 · 음식점 업계 등이 해당한다. 이들 업계는 소규모 영세기업이 태반인 데다 수가 많아 경쟁이 치열하여 망하는 경우가 허다하다. 이런 이유로 지나친 경쟁을 제한하는 규제과당경쟁 방지책가 많았다.

지금은 일부 폐지되었지만, 모든 이발소와 미용실의 가격을 똑같이 매기고 같은 날 쉬었던 것을 기억할 것이다. 또 목욕탕에는 거리 제한이라는 것이 있어 일정한 거리를 두어야 만들 수 있었다.

이러한 규제 가운데에는 제대로 설명이 되는 것도 있지만, 내가 직접 담당했는데도 설명할 수 없는 것이 있다. '왜 이발과 미용을 분리해야 하는가? 이발과 미용을 함께하는 것도 괜찮지 않은가?' 같은 질문은 아직도 생각난다. 마음속으로는 금지할 이유가 없다고 생각했다. 당시는 규제완화위원회 등 규제 완화가 유행이어서 그런 종류의 회의에서 꽤 비판을 받았다.

아무튼 국내 서비스업 가운데에는 이와 같이 경쟁을 통한 파이 축소를 우려해 담당 부처에 규제와 보호를 호소하는 곳이 있다. 정부 부처는 이러한 업계의 요청에 부응해 경제적 규제를 만들고, 그 대가로 업계 단체와 관련 기업에 낙하산 인사를 받아들일 것을 요구한다. 실제 앞의 생활위생 관계 영업의 사례에서는 여전히 후생노동성에서 많은 임원이 업계 단체에 낙하산인사로 가고 있다. 그리고 정치인은 규제를 완화하라는 압력으로부터 업계를 보호하도록 정부 부처에 로비 활동을 하고, 그 대가로 정치 자금을 챙긴다.

정치인은 정치자금을, 관료는 재취업처를, 업계는 규제를 통한 경제적 이익을 각각 챙기는 것이다. 그렇기 때문에 정 · 관 · 업 유착은 매우 교묘한 시스템이다. 그리고 정 · 관 · 업 삼자가 이득을 손에 넣는 대신 국민은 손해를 볼 수 밖에 없다.

첫째, 경제적 규제를 '보이지 않는 보조금'이라고 생각하면 국민은 납세자로서 손실을 보는 셈이 된다. 경제적 규제에 더해 보조금까지 흘러들어 갈 경우, 납세자의 손실은 더욱 커진다.

둘째, 국민은 소비자로서 자유경쟁으로 실현되는 가격보다 높은 가격으로 제품과 서비스를 구입하게 된다. 예전에 택시 업계가 그러했다. 규제를 통해 택시 회사와 기사의 이익이 지켜지는 한편, 이용자는 비싼 요금을 지불했던 것이다. 또한 사업자의 경쟁을 통한 혁신적인 제품과 서비스가 나오지 않는 형태의 불이익도 입고 있다. 휴대전화 등은 어떤가? 규제 완화가 이루어진 덕분에 소비자는 저렴한 가격과 다양한 제품을 구매할 수가 있다. 다만 고용의 관점에서 보면, 규제 시비는 논란의 여지가 있다. 1990년대 후반 이후 추진된 택시의 규제 완화를 통해 알 수 있듯이 경제적 규제를 통해 고용이 유지되는 측면이 있는 반면, 진입 장벽이 높아져 새로운 고용이 창출되지 않는 측면이 있기 때문이다.

셋째, 정치적 측면에서 보면 압력단체 정치가 횡행하여 특정 업계의 이익만이 보호되며, 뇌물이나 수뢰가 발생하므로 사회 전체의 법률과 도덕의 문란으로 이어지는 것은 부정할 수 없다.

방위 이권의 구조

정 · 관 · 업 유착의 사례로 자주 거론되는 것으로는 농림수산성과 관련된 토지개량사업과 임야토목사업, 국토교통성의 건설업과 공공사업, 구 우정성의 우편 관계 등이 있다.

이 중에는 부처와 낙하산인사가 그 중심에 위치한 경우가 있는가 하면, 정치인과 업계가 주연이고 낙하산인사는 조연에 머무르는 경우가 있다. 구체적인 예를 보도록 하자.

임업과 관련된 공공사업을 추진하는 임야토목사업에서는 임야청 소관의 재단법인 임야홍제회와 임업토목컨설턴트가 중심이 된 정 · 관 · 업 유착이 문제가 되었다. 임야홍제회는 이사 24명 가운데 18명이 농림수산성 출신, 임업토목컨설턴트는 이사 22명 가운데 15명이 농림수산성 출신으로 완전한 재취업처이다.

이 재단 두 곳과 이들이 출자하고 있는 민간 기업이 관제官製 담합을 반복했다는 이유로 2001년 2월 공정거래위원회의 현장 검사를 받은 결과, 15개 법인에 배제 권고가 내려졌다. 그 가운데 공익법인은 임야공제회와 임업토목컨설턴트를 포함해 4개였다. 동시에 배제 권고를 받은 15개 법인 중 이들 2개 재단법인을 포함한 5개 법인이 농림수산성 대신을 역임하고 '임야족'으로 불리는 마쓰오카 도시카쓰 전 중의원 의원에게 정치 헌금을 제공한 것으로 드러났다.

이는 낙하산인사가 중심에 있는 정 · 관 · 업 유착의 전형적인 패턴이다. 일반의 공공사업과 비교하면 쉽게 이해할 수 있다. 공공사업의 경우에는 거대한 파이의 실질적 이익 대부분은 건설업계로 흘러든다. 공공기업의 중개에 따른 정치인에 대한 부당한 이익 공여 금액은 사안에 따라 다르지만, 지금까지 수뢰 사건으로까지 발전한 사례를 생각하면 정치인 개인이 얻는 이익은 거액이다. 양자의 몫과 단순 비교할 때, 관료가 낙하산인사에서 얻는 것은 그리 크다고 할 수 없다.

이에 반해 정치인을 거치지 않고 낙하산인사를 기점으로 관료와 업계가 유착하는 패턴이 있다. 방위 이권을 보면 쉽게 이해가 갈 것이다.

방위 분야는 거액의 안건이 수의계약으로 실시되고 상당한 '단물'이 있으므로 애초에 이권화되기 쉬운 성격을 갖고 있다. 왜 수의계약이 지배적인가 하면, 무기는 사양이 복잡하여 고도의 기술과 생산 설비를 가진 기업이 아니면 생산이 불가능하기 때문이다. 그 자체가 가격이나 시장의 움직임이 반영되지 않는 불투명한 존재다. 나아가 일본의 무기산업은 무기수출금지원칙에 의해 해외에서 판매할 수 없어 고객은 방위성으로 한정되며, 방위 장비 및 비품에는 시장 가격이 존재하지 않는다는 말까지 있다.

방위산업은 거액의 방위 예산에서 거대한 이익을 취하고, 방위성은 그 대가로 재취업처를 확보한다. 여기에 공공사업과 같이 다수의 정치인이 관여할 여지는 거의 없다. 예산에 관한 고도의 전문성이 요구되고 전차나 전투기에 대한 최신 정보나 가격 시세에 밝은 국회의원이 그렇게 많지는 않기 때문이다. 과거에 방위 예산 관련 뇌물 수수에 휘말린 정치인을 보아도 방위청성 출신이거나 방위청 장관대신 또는 정무차관 출신으로 그 범위는 제한적이다.

제6장

고위 공무원의 본심

공무원의 꽃은 현직 관료

낙하산인사의 폐해를 이렇게 나열해 보면 이제는 근절해야 한다는 생각이 든다. 그러나 낙하산인사 규제 논의로 가기 전에 먼저 낙하산을 내려보내는 측의 이야기에 귀 기울여 보자. 매스미디어에서 보도되는 경우는 별로 없지만, 관료에게도 반론하고 싶은 것은 있을 터이다.

젊은 고위 관료에게 들은 바로는 낙하산인사라는 고용 관행이 '어딘지 모르게 세상의 기준에서 벗어나 있어 이상하다'는 자각을 갖고 있는 사람이 태반이다. 이에 낙하산인사를 긍정적으로 보는 사람은 그다지 없다. 그러나 나이 많은 관료일수록 낙하산인사에 긍정적이지만, 부처에 신세를 지지 않는 관료는 생각보다 많이 존재한다. 제1장에서 밝혔듯이 기획관 · 과장 이상의 직위로 그만둔 사람 가운데 60퍼센트는 알선을 받아 낙하산으로 갔지만, 나머지 40퍼센트는 자력으로 재취업했다.

우아한 제2의 인생을 맞는 사무차관 수준의 직위에서도 '자력파'는 있다. 한 환경청 사무차관은 1981년 퇴직하면서 당시 대장성 관방장관에게 "신세를 지지 않고 앞으로의 일은 스스로 찾겠습니다"라고 했다는데, 그 이유로 "대장성의 신세를 지는 한 언제까지나 자유롭게 의견을 내놓지 못하는 것이 싫기 때문"이라고 밝혔다고 한다.[22]

물론 자력으로 재취업하지 못하는 사람도 있다. 이는 능력의 차이라기보다는 근무하던 부처나 지위로 인한 차이가 클 것이다. 경제산업성과 재무성 같은 경제 분야의 현역 공무원 가운데에는 기업 관계자나 경영자와 친분이 있는 사람이 많기 때문에 어떻게든 재취업에 유리한 연줄을 만들 수 있지만, 그 외의 부처에서는 재임 중에 그런 기회가 별로 없다.

또한 어느 부처에 근무하든 국장 정도의 직위는 '격이 높은' 비영리법인에 낙하산으로 갈 수 있지만, 과장 정도의 직위에서 퇴직하는 사람이 가는 곳은 반드시 좋은 환경이라고는 할 수 없다. 이미 여러 번 말했듯이 낙하산에는 그 종류와 양태가 다양하다.

유감스럽게도 매스미디어는 이를 보도하지 않는다. 낙하산인사에 대한 비난이 폭풍처럼 몰아치고 있고 장기적으로 보면 낙하산인사는 점차 감소하고 있다. 관료들은 아무런 말도 하지 못한 채 우울해할 것이다.

그렇다고 고급 관료들이 일할 의욕을 잃어버리고 있다고는 생각하지 않는다. 낙하산인사 규제가 상당히 논의되고 있으나, 그들은 매일같이 철야를 하며 최선을 다해 일하고 있다.

고급 관료 대부분이 '공무원의 꽃은 현직'이라고 믿기 때문이다. 그들은 공무원으로서 일하겠다는 생각으로 부처에 들어온 사람들이지, 미리 낙하산으로 갈 곳을 생각하고 들어온 사람들은 아닐 것이다.

제도로서 낙하산인사

낙하산인사라는 제도에 폐해만 있는 것이 아니다. 이번에는 제도적 우수성에 주목해 보도록 하자. 첫째, 관료가 업계 단체에 낙하산으로 내려가 업계 · 부처 · 정계 간의 매개자가 되는 것은 정 · 관 · 업 유착이라고 비판받고 있지만, 정 · 관 · 업의 정보 교환과 의사소통을 용이하게 만든다는 점에서 귀중한 역할을 하고 있다고 볼 수 있다.

쇠퇴 산업과 관련된 정 · 관 · 업의 결합은 유착이라는 인상을 갖고 있다. 그러나 국제적인 경쟁에 노출되어 있는 제조업의 경우, 관료가 퇴직 이후 관련 기업 혹은 업계 단체에 낙하산으로 내려감으로써 업계와 부처, 업계와 정계, 정계와 부처를 연결하는 역할을 해 상호 정보 교환이 자연스럽게 이루어진다고 보는 학자는 많다.

대형 철강 회사의 관계자는 철강업은 일본의 산업 기반을 지탱하고 있기 때문에 국가정책의 동향 등을 주의 깊게 지켜보아야 한다는 점, 이를 위해서는 회사 내부에 정책 당국과 두터운 인맥을 가진 인재가 반드시 필요하다는 점, 정부 측에서도 철강업 동향은 산업정책을 추진하는 데 있어 중시해야 한다는 점을 고려하면, 낙하산인사의 이점은 대단히 크다고 증언하고 있다.

둘째, 낙하산인사는 공무원이 일할 수 있는 의욕을 자극하는 우수한 제도라는 지적이다. 현직 관료의 급여는 그렇게 높지 않다. 급여가 높고 낮음은 무엇을 비교 대상으로 삼느냐에 따라 달라지지만, 그들의 막대한 업무량을 감안할 때 결코 높다고는 할 수 없다. 현재 관료를 공격하는 것 중에는 중소 영세기업에 비교해 처우가 매우 좋다는 감정적인 지적이 있는데, 외국기업이나 대기업과 비교하면 '매우 좋다'는 말은 지나치다고 생각한다.

그럼에도 불구하고 관료가 최선을 다해 일하는 것은 현직 시절의 낮은 급여를 낙하산인사로 어느 정도 돌려받을 수 있다는 사실을 알고 있기 때문이다. 낙하산인사는 '후불 보수'라고 생각하는 것이다. 관방 부장관을 지낸 이시하라 노부오는, 공무원은 재직 중 자부심을 갖고 국가와 국민을 위해 일하고 신분이 보장되어 있으며, 퇴직 후에도 일정 기간 상응하는 생활이 가능하다는 안도감과 기대감이 공정 · 중립의 입장에서 직무에 전념할 수 있도록 지탱해 준다고 지적했다.

셋째, 낙하산인사가 최소한의 인사노무 관리 비용으로 이루어지므로 대단히 효율적인 제도라는 견해가 있다. 어느 부처든지 낙하산인사 알선에 필요한 비용은 대단히 적다. 재무성의 단고 야스다케 당시 관방장은 민관인재교류센터의 '제도 설계에 관한 간담회'에서 "비서과장이 인사관리의 일환으로 조기퇴직 혹은 알선 업무를 하고 이를 도와주는 사람이

한 명 있을 정도로 극히 적은 인원으로 하고 있다"라고 답변했다.

이것이 얼마나 효율적인 재취업 매칭인가는 재취업을 지원하는 민간 기업과 비교하면 잘 알 수 있다. 예를 들면 주요 재취업자 지원 회사에서 직원 1명당 담당하고 있는 구직자 수는 많으면 40명인 데 비해 1부府 11성省의 인사 담당자 24명이 1년간 발생하는 퇴직자 전원의 낙하산인사를 알선하고 있다면 단순 계산으로 담당자 1명당 600명이 넘는 퇴직자를 맡고 있다.

넷째, 관료가 다양한 업계와 기업에 낙하산으로 가서 업계 내 균형이 잡혔다는 견해가 있다. 후에 클린턴 정부의 주일대사 특별보좌관을 지낸 켄트 콜더는, "재벌 기업은 무엇보다도 조직의 독립성을 중요시하며 관료의 낙하산인사를 받아들이지 않는 반면, 관료를 낙하산으로 받아들이는 곳은 약한 업계나 기업인 경우가 많다"고 지적하기도 한다.[23] 실제 내가 조사한 결과에 따르면, 재벌 기업에 낙하산 임원은 극히 소수에 지나지 않다.

고급 관료는 경영 수완은 없을지 모르지만, 1970년대까지는 기업의 미래를 크게 좌우할 정보와 연줄을 갖고 있었다. 이런 의미에서 그들이 낙하산을 통해 경쟁력이 부족한 기업이나 업계에 정보와 인맥 등의 혜택을 가져다줌으로써 취약한 업계·기업과 재벌 등 거대 기업 간의 불균형을 시정한다는 것이다. 관료를 옹호한다고 생각할지 모르나, 재취업처를 보면 반드시 거짓말로만 보이지 않는다.

관료의 능력이 쓰이는 곳

다음에는 관료의 능력에 초점을 맞추어 보자. '공무원은 능력도 없는 주제에 지나치게 좋은 대우를 받고 있다'고 비판하는 사람이 있다. 좀 더 구체적으로 말하면, '고위 관료에게는 아무런 능력도 없다. 도쿄대학교 법학부를 졸업했다고 해도 20년, 30년이 지나면 능력은 떨어진다. 권한과 권력 위에 안주하고 있으면 능력은 퇴색되고 만다'는 비판도 있다.

이는 진실일 수 있으며 과대포장은 아닐 것이다. 어디까지나 확률론이기는 하나, 내가 받은 인상으로는 국장 정도까지 출세한 사람 중에는 인격과 능력 면에서 '시장가치가 높은 사람'이 많다. 중앙 부처는 민간 기업과 달리 시장 경쟁에 노출되어 있지 않지만, 정치인 · 국가 · 매스미디어로부터는 매서운 비난을 받고 업계 단체와는 이해관계를 조정한다. 능력이 없는 사람이 쉽게 국장에 오를 수 있다고는 결코 생각하지 않는다.

최근 젊은 시절 공무원이었던 어떤 정치인이 "능력이 없으니까 정년까지 관공서에 있는 것이다!"라는 말을 했으나 정말일까? 50세를 넘기고도 야근을 하고 정치인이나 매스미디어로부터 매도당하면서도 자기 일을 계속하는 것은 오히려 대단한 근성이다.

고급 관료가 특수법인 등에 낙하산으로 가기 때문에 효율적인 조직 운영이 안 되고 세금까지 낭비되고 있다는 주장도 있는데, 완전히 공감할 수는 없다. 낙하산인사 때문에 철저한 개혁이 좀처럼 어려워 헛된 곳에 세금이 사용되고 있다는 것은 부정할 수 없다. 그러나 비영리법인의 업무는 중앙 부처의 업무와 관련이 있는 경우가 흔하다. 즉 국가공무원이 가진 지식이나 그동안 기른 능력 · 경험을 활용하는 데 더할 나위없이 좋은 직장이다. 그리고 비영리법인 가운데 사회적으로 필요 불가결한 곳도 있다는 사실을 잊어서는 안 된다. 무가치하다고 잘라 내는 것은 위험한 발상이다.

다음으로 민간 기업에서 공무원이 잘 쓰일지를 생각해 보자. 일반적으로 민간 기업과 관공서의 업무는 그 성질이 전혀 다르기 때문에 모든 공무원에게 시장가치가 있다고 할 수는 없다. 그렇지만 공무원의 능력이 민간 기업에서 대단히 도움이 되는 경우가 있다.

아베 내각이 추진한 국가공무원법 개정에 관해 참의원 내각위원회에서 참고인으로 답변한 가토 다케오 후지전기홀딩스 상담역은 국가공무원이 민간 기업에서 활약할 수 있는 장으로서 국제화 추진, 기업의 사회적 책임에 대한 대응, 기업 통치기업 지배 구조라고도 한다 — 옮긴이 주 확립 등 세 가지를 들었다.

또한 고위 관료의 경영 능력은 무시할 수 없다. 관료의 업무는 민간 기업의 임원과 동일하여 수많은 부하, 예산, 조직을 관리해 성과를 올리는 것이기 때문이다. 그러므로 '최고의 공무원이 최고의 경영자가 된다'는 것은 놀라운 일이 아니다. 실제 경영자로서 성공한 전직 고위 관료는 얼마든지 있다.

고위 관료는 대개 인간적인 '종합 능력'이 뛰어나다. '종합 능력'이라고 하면 무슨 뜻인지 얼른 떠오르지 않겠지만, 예를 들어 관료의 높은 사회적 지위로 인해 권한 · 권위라는 면에서 크게 유리하다는 점, 중립적이라는 이미지가 강하다는 점, 정치 · 재계 · 행정 등 다양한 이해 관계자와의 조정을 추진해 인맥이 풍부하다는 점 등을 들 수 있다. 아무튼 현실 사회에서는 중요한 능력들이다. 매스미디어의 관료 비판에 안일하게 편승하는 사람이 많이 있으나, 이러한 능력을 가진 공무원은 낙하산으로 가는 곳에서도 좋은 평가를 받고 있다.

이를테면 1975년 이후 지방은행 가운데 최대 규모를 자랑하는 요코하마은행의 은행장은 대대로 대장성 사무차관 출신이다. 그런데 1990년대 후반 대표가 교체될 때 '금융이 글로벌화되는 시대에 어째서 대장성 출신자가 계속해서 맡고 있는가?' 하는 의문이 대두되었다. 그럼에도 대장성 관료가 선임되는 것은 '정치 · 재계 · 행정에 두루 폭넓은 인맥을 가진 거물이 아니면 은행장을 수행할 수 없다'는 구태가 지방은행업계에 깊이 배어 있다는 점, 지방은행업계는 오랫동안 은행장이 경영권을 장악해 와 지명도가 낮으면 지도력을 발휘할 수 없다는 점 때문이다. 지방은행업계에서 명성과 인맥이 비즈니스에 유효한 이상 대장성 사무차관은 능력이 뛰어난 사람으로서 인정받는 것이다.

공무원의 구체적인 능력에 주목할 수도 있다. 공공사업과 얽힌 불상사가 잇따르기 때문에 국토교통성 출신 낙하산인사를 받아들이는 이점은 감소했지만, 기업은 전직 관료의 능력을 재차 검증하는 가운데 의외의 활용법을 발견했다. 그것은 바로 프레젠테이션 능력이다. 현재 관공서의 입찰에서는 단순히 낮은 가격만으로 경쟁하는 것이 아니라 제안한 프로젝트의 내용 등을 고려하는 경우가 많아지고 있어 입찰 참가자에게 프레젠테이션을 요구하는 일이 잦아지고 있다. 이런 마당에 국토교통성 출신은 과거 한때는 발주자였기 때문에 유용한 조언을 하거나 독자적으로 자료를 작성할 수 있다. 관공서에는 관공서 특유의 선호하는 말과 스타일이 있으므로 이를 훤히 알고 있는 공무원은 기업에게 도움이 된다는 것이다.

무조건적 비판에 대한 불만

공무원들은 낙하산인사를 싸잡아 무조건 비판하는 것에 답답해한다. 낙하산 알선의 내용과 정도는 다양하다.

우선 완전히 부처가 뒤를 봐주는 낙하산인사가 있다. 구 운수성에서는 공무원이 민간 기업에 낙하산으로 갈 경우, 연봉과 채용 기간 등 고용조건을 정한 조건서의 제출을 요구해 문제가 되었던 적이 있다. 운수성이 실태를 조사한 결과, 지방의 항만건설국 2~3곳과 지방운수국 1곳에서 조건서를 주고받은 사례가 있었다. 이에 대해 운수성은 한때 관공서의 제출 요구에 따라 기업의 열성적인 담당자가 해당 문서를 작성한 것이고 공교롭게도 작업의 대대로 이어졌을 뿐이지 조직적 관여는 없었다고 설명했다.[24] 그러나 노동조건을 포함해 운수성과 재취업처가 긴밀하게 상담 및 협상을 한 것은 사실이다.

또 '단순한 정보 교환'이 있다. 민간 기업과 비영리법인이 관방인사과에 '이번 법령 준수 분야를 강화하려고 합니다. 귀 부처의 ○○○ 씨가 전문가라고 들었는데, 어떻습니까?', '○○○ 씨는 오랫동안 장애인 복지의 전문가로 유명한 분이죠? 아직 재취업처가 결정되지 않았나요?' 등의 문의에 '예'라고 답하는 경우이다.

수요가 많아지고 있는 경시청 홍보과는 재취업에 대해, 경시청이 경찰 행정의 공평성이 손상되지 않는 회사의 취업 정보를 퇴직 예정 공무원에게 공개하고, 공무원이 재취업처로 선택하는 방식을 도입하고 있다고 밝혔다.[25] 이것만으로는 경찰관 개인이 복수의 회사 가운데 선택하고 있는지, 어떤 특정 회사의 구직 정보에 대해 판단하고 있는지는 알 수 없지만, 본인의 선택이 우선되고 있음을 알 수 있다. 그만큼 자율성이 있는 것이다.

그렇기 때문에 단순한 정보 제공이나 자율성이 있는 재취업까지 하나로 묶어 무조건 안 된다고 할 수 있는지, 개인적으로는 의문스럽다.

공무원에게도 직업 선택의 자유는 있다

아베 내각에서 폐지되기까지 낙하산인사 규제책은 '퇴직 후 2년간 관련 민간 기업에의 재취업 제한'이다. 전문 용어로 '사기업으로부터의 격리'지만, 이에 대해서는 '직업 선택의 자유를 제한하고 있다'는 의견이 강하다.

이 제도가 신설되었을 때의 국회의사록을 보면, 직업 선택의 자유와 사기업 격리를 절충하여 국가공무원법에서 사기업 격리 기간을 2년으로 결정했음을 알 수 있다. 즉 2년간이라면 헌법이 보장하는 직업 선택의 자유를 박탈하지는 않는다고 판단한 것이다.

이러한 재취업 규제가 헌법이 보장하는 직업 선택의 자유를 침해하는지 여부가 사법부의 판단에 맡겨진 적은 없다. 국가공무원의 한 사람으로서 법원에 이의를 제기한 사람이 없기 때문이다.

그 이유를 법학자 나카무라 히로시는 ① 공무원이라는 사회적 지위 때문에 소訴를 제기하는 것을 주저한다는 점, ② 퇴직 후 2년간이라는 기간은 주변 정리나 피로 회복 등에 충당하는 것이 적절하다는 점, ③ 2년이 지나면 규제를 받지 않는다는 점, ④ 공무원과 전혀 다른 세계에 투신하는 데에 불안감을 갖고 있다는 점, ⑤ 행정관으로서 법령을 준수하겠다는 생각을 갖고 있으며 공무원법에 이의를 제기해서는 안 된다는 법적 감각이 있다는 점을 들고 있다.[26] 나아가 덧붙인다면 낙하산인사 대부분이 재취업처의 노동조건에 만족한다는 점을 들 수 있으며, 마음 한구석에 '낙하산인사에 대한 죄책감'이 있기 때문일 수도 있다.

또한 한편으로는 현직 공무원들이 다른 직업과 비교해 공무원에 대한 규제만 몹시 엄격하다고 불평 삼아 이야기하는 것을 자주 듣는다.

예를 들어 공무원은 민간 기업 재취직에 규제를 받거나 노동기본권이 제약을 받기도 한다. 그렇다면 왜 공무원보다 강한 권한을 갖고 있는 국회의원의 세습은 금지되지 않는가, 왜 겸직이 허용되고 있는가 하는 의문이 생긴다. 혹은 민간 기업에서 일하는 샐러리맨은 재직 시절 갖게 된 인맥·경험·지식 등으로 재취업할 수 있는데, 왜 공무원은 재직 시의 경험과 지식을 활용해서는 안 되는가 하는 의문도 있다. 수십 년간 일하면서 얻은 경험과 지식을 살리는 것은 민간의 샐러리맨이나 공무원이나 마찬가지라는 이야기다.

한정된 '노른자' 재취업처

재취업처의 노동조건이 반드시 편하다고는 할 수 없다는 의견이 있다. 물론 이는 재취업처가 어디냐에 따라 전혀 달라진다. 특수법인과 독립행정법인 등 관공서의 관련 단체에 낙하산으로 가는 것은 노동조건이 좋을뿐더러 인간관계와 업무의 연속성 등으로 인해 분명히 '편한 재취업처'이다. 그러나 그중에는 힘든 재취업처도 있다.

재무관에서 스미토모은행에 재취업한 어떤 대장성 출신은 "아무것도 하지 마세요. 스미토모에는 당신 같은 인재가 얼마든지 있습니다"라는 당시 회장인 이소다 이치로 말을 듣고 충격을 받았다고 한다.[27] 또한 낙하산인사로 스미토모물산에 간 한 통산성 사무차관 출신은 부사장에서 부회장이 되었을 때 '보류 인사'로 불렸으며, 회사를 뒤흔든 이란·일본 석유

화학IJPC사업에서는 오욕을 당하기도 했다.

간단하게 말하면, 출신 부처의 관련 비영리법인 등에 낙하산으로 내려가면 인간관계와 업무의 연관성이 있어 그렇게 고생하지는 않지만, 전혀 다른 민간 기업에 낙하산으로 갈 경우에는 상응하는 노고가 뒤따른다는 것이다.

하지만 이러한 견해에 이견도 있다. 그것은 특수법인 등 거대 비영리법인은 ① 세간의 주목도가 높다는 점, ② 정부와 국회의 매서운 감시하에 놓여 있다는 점, ③ 민간 기업과 같이 수치로 평가되는 합리적 세계가 아니라는 점, ④ 재정 적자 누적 등으로 효율적인 경영을 요구받는다는 점으로 인해 다양한 모순과 스트레스를 안고 있으며, 더러는 도로공단과 같이 뇌물 수수에 휩싸이는 일도 있다. 이런 의미에서는 정치나 행정과 밀접하게 관련된 비영리법인의 경우, 우아한 낙하산인사라고는 할 수 없다는 것이다.

리쿠르트사건과 관련해 신토 히사시 당시 회장이 기소된 일본전신전화주식회사NTT에 있던 어느 간부는 NTT분할론에 직면했을 때, “리쿠르트사건 이후 될 수 있는 한 정치 세계와 거리를 둘 것을 결심했다. 가능하다면 정부 보유 주식을 모두 민간 보유로 바꾸고 일본전신전화회사법을 폐지해 순수 민간 기업이 되고 싶었다. 그러나 이루어지지 않아 정치와 행정의 굴레에서 벗어나지 못한 채 바둥거리고 있다”라고 말했다.[28]

이는 나의 실제 경험에 비추어 보아도 이해가 간다. 후생노동성 관련 단체의 부정부패가 드러났을 때의 일이다. 이

단체의 대표가 자료를 갖고 국회의원을 찾아다니며 설명하는 모습을 자주 보았다. 전직 사무차관이었는데, 그 모습을 보면서 '공무원을 그만두고도 공무원과 같은 일을 할 것인가. 죽을 때까지 동일한 업계의 굴레 속에서 살 것인가' 하고 조금은 동정이 갔던 경험이 떠오른다.

특수법인의 대표에 민간인이 적은 이유

비영리법인에 낙하산으로 가는 관료에 대한 비판으로는 일하지도 않는데 높은 급여 · 퇴직금을 받는다는 점과 관리 능력이 의심스럽고 충분한 경영 실적을 올리지 못한다는 점, 이 두 가지가 항상 제기되고 있으며, 특수법인의 대표는 관료 출신자가 독점하고 있어 민간에 개방되지 않고 있다는 비판도 있다.

이에 대한 공무원의 속마음은 '공무원이 독점하고 있는 것이 아니라 민간 기업의 경영자가 회피하며 참여하지 않을 뿐'이라는 것이다. 하토야마 구니오 총무대신에게 끊임없이 무시당한 끝에 민주당 정권에 의해 사임에 몰린 니시카와 요시후미 일본우정 사장을 보았을 때, '왜 새삼스레 형편없는 급여를 받으며 말년을 더럽혀야 하는가'라고 생각하는 민간 기업의 경영자가 한층 늘어날지도 모른다고 생각했다.

여기에서는 정부 산하 금융기관 경영자의 인사를 살펴보겠다. 2007년 9월 28일자 『니혼케이자이신문』은 일본정책투자은행의 총재 인사에서 민간 기용이 이루어진 반면, 국민생활

금융금고 총재와 국제협력은행 총재에 전 대장성 차관을 영입하여 중앙 부처에 배려하는 형태를 취한 배경을 분석했다.

이에 따르면, 아베 정권 시절 시오자키 야스히사 관방 장관은 일본정책투자은행 · 일본생활금융금고 · 국제협력은행의 대표 인사에 대해 "세 기관 모두 경영 경험이 풍부한 민간인에게 맡긴다는 방침을 세워 이미 준비하고 있다"고 밝히면서 민간의 등용을 적극적으로 추진하려 했다. 이에 그 자신 퇴임 시에는 일본경제단체연합회의 간부를 통해 민간인 후보자 9명의 리스트를 작성한 뒤 후임인 요사노 가오루에게 위임했다. 그러나 최종적으로 요사노는 민간인의 기용은 대우 면 때문에 대단히 어렵다고 판단했다고 한다.

그것이 이 같은 어중간한 인사로 귀결되었다는 것이다. 민간인과 재무성 출신 중 어느 쪽을 발탁하는가에 대해서는 다양한 논의가 있지만, 정부 산하 금융기관의 경우에는 어려운 업무에 비해 노동조건이 좋지 않다는 사실을 부정할 수 없다.

구 통상성 관료를 거쳐 나가노현 지사를 역임한 무라이 진 역시 비슷한 견해를 갖고 있다. 무라이 전 지사가 어떤 기업의 부회장을 특수법인의 대표로 초빙하려 했는데, 그 기업의 비서실은 특수법인의 대표에게는 교제비가 얼마 안 된다는 무라이 전 지사의 말을 듣고 놀랐다고 한다. 그는 민간의 급여 수준이 높아지면서 민간 기업이 마땅한 인재를 보내 주지 않게 되었다고 지적했다. 민간 기업의 좋은 노동조건이 걸림돌이 되고 있는 셈이다.

선진국의 낙하산인사

외국에 장기간 거주한 사람은 일본은 살기 좋은 나라라고 말한다. 물과 치안이 좋고 음식도 맛있고 사계절이 뚜렷한 데다 공무원과 관공서가 비교적 청렴하다는 점이 포함되어 있다.

내가 말하고 싶은 것은 일본의 공무원은 세계적으로 우수하다는 점이다. 그리고 낙하산인사에 대해서도 같은 말을 할 수 있다. 일본 공무원이 비판을 받고 있는데, 다른 선진국과 비교하면 어떨까?

비교의 전제 조건으로 외국과 비교해 연금 수준이 낮다는 점을 들 수 있는데, 이는 앞에서 이미 밝혔다. 재취업 규제와 부서의 재취업 알선에 대해서도 사정은 다르다. 미국에는 재취업 규제가 없지만, 영국과 프랑스 · 독일에는 퇴임 이후 일정 기간 재취업 규제가 있다. 그러나 정부가 공적으로 재취업을 알선하는 것은 일본뿐이라고 한다.

하지만 어떤 나라든 공무원제도라고 하는 것은 법률과 제도의 표면만 보아서는 알 수 없는 부분이 많다. 정부 부처가 공무원의 재취업을 알선하지 않는 것이 정말일까? 그 실태는 대단히 알기 어렵다.

이런 사정을 감안하여 프랑스와 미국의 상황을 보도록 하자. 프랑스에도 낙하산인사 혹은 이와 비슷한 제도가 있는 것 같다. 프랑스에서는 낙하산인사를 야유를 담아 '낙하산 투하'라는 의미의 파라슈타주parachutage라고 부른다. 그 실태는 심각할 정도여서 1995년 2월 17일자 『르몽드』에 따르면, 제조업에서는 매출 상위 15개사 가운데 무려 12개사가 관계에서 온 사람에 의해 경영되고 있으며, 나머지 3개사는 설립자 혹은 상속자가 경영하고 있다. 또한 은행의 경우에는 5명 가운데 4명이 국립행정대학원 혹은 파리이공과대학 출신이라고 한다.[29] 일본 이상으로 관료 지배가 관철되고 있는 듯한 인상이다.

덧붙여 프랑스 관료를 직접 인터뷰한 기시 노부히토의 말에 따르면, 프랑스 재무부 국고국의 경우에는 국장이 부하 직원의 재취업을 도와주는 것은 대개 차장까지로, 심의관 이하는 스스로 알아서 찾아야 하는 것이 일반적이라고 한다.[30] 말하자면 극소수의 고위 관료와 기타로 명확하게 나뉘며, 소위 '기타'에 속하는 35~40세의 관료는 공무원을 그만두고 민간인이 될 결단을 하지 않을 수 없는 처지에 몰리게 된다고 한다.

미국은 정치임용제라는 시스템을 통해 대통령이 바뀔 때마다 간부를 중심으로 수천 명의 공무원이 교체된다. 그 때문에 낙하산인사 이전의 문제로 정 · 관 · 업으로 인재가 넘나드는 것이 일반적이며, 이에 대해 항상 비판이 있는 것 또한 사실이다.

그중에서 방위 분야의 정 · 관 · 업에 발을 걸치고 있는 인재 이동이 유착을 초래한다는 비판은 거세다. 군수산업의 낙하산인사를 조사한 골든 애덤스에 따르면, 보잉 · 제너럴 다이내믹 · 그러먼 · 록히드 · 맥도널 더글러스 · 노스럽 · 로크웰 · 유나이티드 테크놀로지 등 8개사 이사회에서는 23퍼센트에 해당하는 28명이 기업에 유익한 정보를 입수할 수 있는 정부 자문위원을 역임하거나 과거 정부에 재직한 경험이 있다고 한다.[31]

제7장

낙하산인사를 수용하는 민간 기업, 특수 법인, 공익법인

관공서와 민간 기업의 거리감

지금까지 낙하산을 내려보내는 측에만 초점을 맞추었지만, 이번에는 이를 받아들이는 측의 상황을 들여다보도록 하겠다. 우선 과장 이하 공무원이 많이 가는 민간 기업을 살펴보자.

민간 기업이 낙하산인사를 받아들이는 것은 기업의 자유다. 그 때문에 불경기가 되면 공무원을 받아들이는 기업이 적어진다. 그림 5는 인사원의 승인을 얻어 민간 기업에 낙하산으로 이동한 수와 실업률의 상관관계를 나타낸 것이다. 1990년대 이후를 보면, 낙하산인사와 경기 변동이 연동하고 있음을 알 수 있다.

즉 민간 기업은 재취업처로서는 불안정하지만, 그럼에도 불구하고 민간 기업에 낙하산으로 가는 공무원이 많은 것은 일본 특유의 관과 민의 거리가 가깝다는 점을 주된 이유로 들 수 있다.

제2차 세계대전 후 일본이 경제 발전을 이룩한 요인으로 무엇을 꼽을 수 있을까? 쇠퇴해 가는 현재의 일본에서는 사라진 관점이지만, 기적적인 경제성장을 실현한 주역은 민간 기업의 활발한 경쟁과 창의력인가, 아니면 통산성이나 대장성 같은 경제 관청이 우수한 능력을 갖추고 있고 적극적으로 시장에 개입했기 때문인가를 둘러싸고 논쟁이 벌어진 적이 있었다.

어느 쪽이 주역인가는 제쳐 두고라도 '관이 적극적으로 시장에 개입했으므로 경제 발전을 이룩한 것이다'라는 주장이 논쟁의 일익을 담당할 정도로 경제 부처가 뛰어난 영향력을 가졌다는 이야기가 된다. 차머스 존슨이 쓴 『통산성과 일본의 기적MITI and the Japanese Miracle』이라는 책을 통해 일본 경제 부처의 우수성은 세계적으로 유명해졌으며, '악명 높은 통산성'이라는 명성까지 갖게 되었다. 내가 미국에서 유학할 때도 통산성 공무원에게는 교수나 대학원생이, "오! MITI 통산성을 뜻하는 Ministry International Trade and Industry의 약자 — 옮긴이 주에서 왔다고. 일본 경제의 성공 비결은 무엇인가? 지금은 어떤 정책을 추진하고 있는지 알려 주게" 하고 말을 걸어 오는 등 인기가 많았다.

낙하산인사에 관련해 말하자면, 예를 들어 통산성 관료가 업계 단체의 전무이사로 가서 기업과 정부 부처의 네트워크가 형성되고 밀접한 정보 교환이 가능해져 일치단결해 세계 시장에 맞설 수 있었다는 평가를 받고 있다.

아무튼 그만큼 정부와 민간 기업의 거리가 가깝다는 것이다. 그리고 기업이 발전해 경제성장이 계속되고 있는 동안은 정부의 개입에 대한 비판은 없었다.

그림 5. 인사원의 민간 기업 낙하산 승인 건수와 실업률의 상관관계

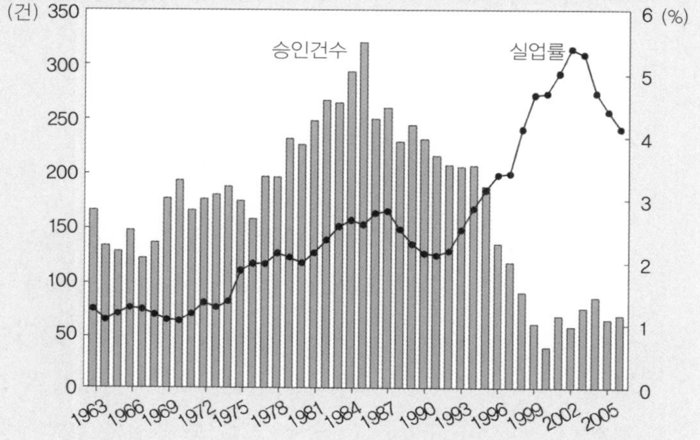

* 승인 건수는 인사원의 『영리 기업 취직의 승인에 관한 연차 보고』, 실업률은 「노동력 조사」에 근거해 작성

규제를 이용한 업계의 방어

물론 민간 기업과 정부의 관계는 이렇게 '아름다운' 이야기만 있는 것이 아니다. 민간 기업이 낙하산인사를 받아들이는 대신 정부에 의존해 보조금을 받거나 규제로 보호받는 사례는 헤아릴 수 없을 정도다.

일본은 공무원의 수가 선진국 중에서도 적고 사회보장이 잘되어 있는 것도 아니면서 이상하게 '큰 정부'라는 이미지가 강한데, 그 원인 가운데 하나가 규제가 많다는 점이다. 그만큼 정부가 경제 사회에 개입하고 있다는 뜻이다.

규제에는 국민의 생명과 안전을 지키는 '사회적 규제'와 기업 활동을 보호하려는 '경제적 규제'가 있다. 사회적 규제란 소비자나 노동자의 안전 · 건강 확보, 환경보호 등을 목적으로 기업 활동에 규제를 가하는 것이다. 이를테면 노동기준법에는 기업이 최소한으로 지켜야 하는 노동조건의 기준이 규정되어 있다.

이에 반해 경제적 규제는 제5장에서 보았듯이 자원 배분을 효율적으로 하거나 기업 간의 과도한 경쟁을 막기 위한 규제이다. 그리고 사회적 규제보다 경제적 규제가 많은 것이 일본의 특징이다.

정부가 업계를 지키는 수단은 경제적 규제만 있는 것이 아니다.

일본 정부는 세제를 이용해 기업 활동을 자극하는 경우가 종종 있다. 세제에는 보조금과 같이 예산이 들지 않는 편리함이 있어 소득세 · 법인세 삭감 이외에 특정 정책 목적을 위해 정책 대상을 유도하는 정책 세제그 중심은 조세특별조치법가 흔히 이용된다.

조세특별조치법이란, '법인세는 원칙적으로 ○○퍼센트지만, △△업계만은 특별히 인하한다'와 같은 예외다. 후생노동성에서 업계 담당 과장보좌로 있을 때 이 조세특별조치법과 격투를 벌인 기억이 있는데, 세상은 불공평하지만 일본의 산업정책은 각 업계의 상황을 고려한 세심한 법률이라는 것을 알게 되었다. 조금이라도 세수를 늘리고자 하는 재무성은 매년 올해야말로 조세특별조치법을 정리하겠다고 의욕을 보이다가도 정·관·업의 벽에 가로막혀 좀처럼 실현하지 못한다.

기타 정부 산하 금융기관의 융자라는 수단도 있다. 일본의 정부 산하 금융기관은 원래 수가 많고 소관 범위가 중복되어 있다는 특징이 있다. 고이즈미 준이치로 내각 이후 상당히 정리되었지만, 고도 경제성장기로 거슬러 올라가면 금고가 10곳, 은행이 2곳 있었다. 게다가 새로운 금고가 설립될 때 기존 금고와의 업무 분장이 문제가 되어도 최종적으로는 모호한 상태에서 정치적 결론에 따라 설립되어 왔다. 그만큼 불투명하게 업계에 융자가 이루어졌다는 것이다.

이런 정부와 업계의 관계를 반영하는 것인지, 정부 부처에서 민간 기업으로 내려오는 낙하산인사를 관찰하면 앞에서 설명한 바와 같이 재취업처 대부분은 경쟁력이 약한 업계나 기업이며, 경쟁력이 있는 재벌 기업에의 재취업은 적다는 사실을 알 수 있다.

역대 사무차관·국장급의 재취업처를 보아도 미쓰이, 미쓰비시, 스미토모 등 재벌 기업에 낙하산으로 가는 사람은 거의 없다. 재벌 기업의 경우, 인재가 풍부하기 때문인지 낙하산인사를 받아들이면 사원의 사기가 저하된다는 견해도 있을 수 있겠다. 실제 통산성에서 통산사무관을 지낸 전직 관료가 미쓰이물산의 상무로 내려갔을 때, 독립성이 강한 사풍으로 알려진 미쓰이물산에서는 임원을 지향하는 부장급에서 '이것으로 우리도 통산성의 식민지가 되었다'는 불만의 소리가 나왔다.[32]

특수법인은 왜 낙하산의 온상이 되었나

다음으로 특수법인, 인가법인, 독립행정법인, 공익법인재단법인·사단법인과 같은 비영리법인이 낙하산인사를 받아들이는 이유를 생각해 보도록 한다. 몇 번이고 되풀이해 말하지만, 비영리법인은 낙하산인사의 온상이다.

현재는 '악덕'이라는 이미지가 붙어 있는 특수법인부터 살펴보자. 특수법인이 오래전부터 낙하산의 온상이었던 것은 아니다. 1955년경까지는 부흥금융금고나 식량배급공단처럼 불필요한 특수법인이 폐지된 반면, 필요 불가결한 특수법인은 설립되었다. 그렇게 신축성 있는 긴장감이 깨지고 특수법인이 증가 일로를 달리기 시작한 것은 1955년 이후다.

1951년 자금운용부자금법이 제정되고 1953년부터 재정투융자계획이 시작된 것이 커다란 계기가 되었다. 이에 따라 우편저축·후생연금 등 막대한 자금을 유상자금으로 특수법인에 공급하는 제도가 정비되었다. 고이즈미 내각에서 우정민영화가 의제가 되었을 때, '우편저축으로 모은 돈이 흥청망청 특수법인으로 공급되고 있다'는 주장이 끊임없이 제기된 것을 기억할 것이다.

그러나 단지 특수법인이라는 낙하산을 받아들일 '자리'가 늘었다는 것만으로 낙하산의 온상이 되지는 않는다. 또 하나 중요한 요소가 있다. 그것은 중앙 부처가 특수법인을 제어할 수 있는 다양한 수단을 갖고 있다는 것이다. 간단하게 말해 예산과 인사 모두를 정부가 쥐고 있다는 뜻이다. 특히 중요한 것은 임원임명권이 각 부처의 대신에게 있다는 점이다.

물론 이는 표면적인 것이며 어디까지나 실제 인사권은 공무원이 쥐고 있다.

그리하여 대부분의 공무원은 특수법인을 정부의 연장 조직이라고 생각한다. 실제 주요 특수법인에 낙하산으로 간 국장이나 사무차관의 행동은 공무원 시절과 거의 다름이 없다. '○○ 씨, △△ 정책에 대해 설명해 주게'라고 특수법인에 공무원을 불러들이는 일이 자주 있으며, 공무원 대부분은 특수법인의 경영진으로 내려간 전직 고위 공무원에게 예전과 변함없는 태도로 대한다.

규제책은 무용지물

이 정도로 조건이 갖추어져 있으니 특수법인은 당연히 공무원에게 낙하산의 천국이 된다. 정부도 다소 부담이 되는지 나름대로 낙하사인사 억제책을 실시해 왔다.

이러한 대응책은 크게 두 가지로 나뉜다. 하나는 낙하산 자릿수의 삭감, 소관 부처로부터의 임원 취임 수 제한, 노동조건의 적정화 등 직접적인 억제 효과를 노린 것들이다. 다른 하나는 정보공개와 같은 간접적인 수단으로 주로 급여와 퇴직금 측면에서 대응에 나서는 것이다.

1997년 12월 각의에서 결정된 '특수법인 등의 정리합리화'에서는 ① 상근임원 수가 10명 이상인 특수법인에 대해 정부가 임명권을 갖는 임원 수를 10퍼센트 삭감, ② 특수법인 전체를 통해 공무원 출신의 임원을 절반 이내로 감원, ③ 메뚜기인사 제한, ④ 임원의 급여를 임명권자의 봉급보다 낮출 것 등을 규정했다.

또한 2000년에 마련된 '행정개혁대강'에서도 "특수법인 등이 중앙 부처로부터의 안일한 재취업처가 되지 않도록 특수법인 임원 인사에 관한 기존의 각의 결정을 엄정하게 준수하는 동시에 특수법인 상호 간의 메뚜기인사에 대해서도 엄격하게 억제하는 등 필요한 조치를 강구한다"라고 했다. 노동조건으로 눈을 돌리면 2002년에는 임원의 급여를 평균 10퍼센트, 퇴직금을 평균 30퍼센트 삭감하도록 규정한 '특수법인 등 임원의 급여 · 퇴직금 등에 대하여'도 각의에서 결정되었다.

이러한 규제책을 보면, 정부가 특수법인에 대한 낙하산인사 규제에 강력하게 대응하고 있는 것처럼 비친다. 그런데도 특수법인의 낙하산인사가 여전히 비판을 받고 있는 까닭은 무엇일까?

이는 정부의 약속이 표면적인 방침에 불과해 실제로는 지켜지고 있지 않기 때문이다. 앞에서 밝힌 정리합리화대책 대부분이 과거에도 있었다는 사실이 확실한 증거다. 1990년대 후반 이후 나온 규제의 대부분은 실은 1970년대에도 실시되었던 것으로 전혀 성과가 없었다는 이야기다.

1970년대에 나온 특수법인의 낙하산인사 억제 조치에 관한 각의 결정인 '상근임원은 원칙적으로 65세까지총재 등은 70세까지 가능', '상근임원은 원칙적으로 6년총재 등은 8년까지 가능', '특수법인의 장에 대해서는 각의 인사 검토 회의, 각의 구두 승인이 필요', '특수법인의 상근임원에 대해서는 내각관방의 협의 대상'1977년 12월 23일, '모든 특수법인의 상근임원 가운데 국가공무원 출신자는 절반 이내'1979년 12월 18일를 보면 알 수 있다.

특수법인에 낙하산인사를 억제하기 위한 직위 수 제한, 낙하산 인사 수의 제한, 노동조건의 축소 등 세 가지를 중심으로 한 조치는 정부의 특기라도 되는 양 실시되었다.

또 하나 지적하고 싶은 것은 특수법인의 낙하산 규제책에서 엿보이는 서민 감정과의 크나큰 괴리감이다. 임원 수와 급여 삭감은 이해되지만, 퇴직금 운운하는 것은 도대체 무슨 이유일까? 퇴직금은 오랫동안 근무하면 지급되는 것임에도 불구하고 고작 몇 년 근무하고 퇴직금을 받는 까닭은 무엇일까?

나도 궁금하다. 사무차관 출신일 경우, 퇴직할 때에 1억 엔우리 돈으로 10억 3천만 원가량 가까운 퇴직금을 손에 넣는 사람도 있다. 단기간에 그만두는 경우에 퇴직금을 받는 것은 퇴직금제도의 취지에서 생각하면 이상하다는 생각이 든다. 게다가 퇴직금은 세제상으로 우대를 받는다.

이러한 비판에는 정부도 민감해 어쩔 수 없이 개혁을 추진하게 되었다. 예를 들어 특수법인 임원의 퇴직금은 월급×근무 월수×지급률로 계산하는데, 지급률이 0.36에서 0.28로, 다시 0.125로 점차 낮아졌다. 2007년도 실적으로는 국제협력은행 총재는 재직 기간이 8년이면 3274만 엔우리 돈으로 약 3억 3722만 원, 일본정책투자은행 총재는 재직 기간이 6년이면 2584만 엔우리 돈으로 약 2억 6615만 원의 퇴직금을 받는다. 이는 과거의 3분의 1 수준이니 과거 고위 관료가 얼마나 대우를 받았는지 쉽게 알 수 있다.

공익법인에 낙하산이 내려가기 쉬운 이유

다음으로 공익법인을 보도록 하자. 공익법인이란 지금은 폐지된 민법 제34조의 규정에 의거해 설립되어 ① 공익에 관한 사무를 행할 것, ② 영리를 목적으로 하지 않을 것, ③ 주무 부처의 허가를 얻을 것 등 세 요건을 충족시켜야 했다.

앞에서 설명한 바와 같이 공무원이 낙하산으로 내려가는 수는 공익법인이 가장 많다. 기타 비영리법인은 수가 한정되어 있는 것에 비해 공익법인은 2만 5천 명 가까이 존재한다. '낙하산인사의 자리'가 이렇게 풍부하게 있다는 것이다.

그림 6은 설립 연도별 공익법인의 수를 제시한 것이다. 1966~1996년 사이에 많은 공익법인이 설립되었음을 알 수 있다. 도대체 이 공익법인들은 어떤 업무를 하는 것일까? 사업 종류별로 가장 많은 것은 '지도 · 육성'이다. 구체적으로 교육 · 훈련, 상담, 연수회 · 강습회 등의 사업으로, 사단법인에서 많이 보인다. 다음으로 '진흥 · 장려'이다. 이는 조성 · 급부, 대여, 표창 및 신용 보증과 같은 금전 급부를 동반한 것이 많아 재단법인에서 흔히 볼 수 있다. 이하 '조사 · 연구', '보급 · 홍보'가 뒤를 잇는다.

그런데 왜 공익법인은 낙하산의 온상이 된 것일까? 구 민법에서 규정하고 있는 것과 같이 공익법인은 주무 부처의 허가를 받아 설립되고, 그 설립 허가 및 지도 · 감독에 관한 권한

그림 6. 설립 연도별 공익법인의 수

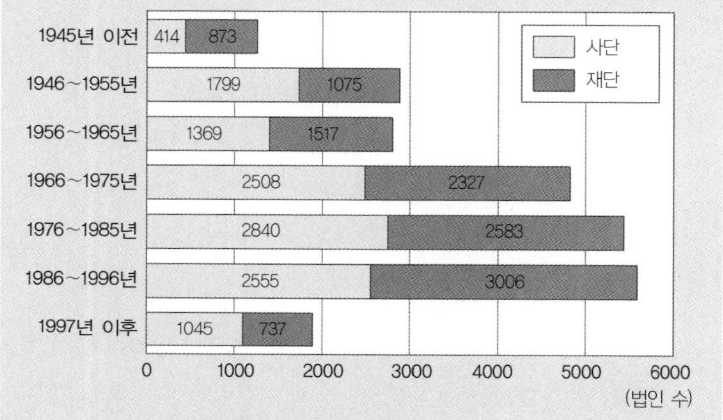

* 출전 : 총무성, 『공익법인백서』(2008)
* 2007년 10월 1일 현재 활동 중인 공익법인이 대상

은 주무 부처에 있기 때문이다. 이것이 정부와 공익법인의 관계에 어떠한 영향을 미치는가는 쉽게 상상할 수 있을 것이다. 공익법인이 담당하는 부처의 지배를 받기 쉽다는 것은 말할 나위 없다.

법인 설립의 허가를 내세워 낙하산을 강요한 사건이 실제로 있었다. 농림수산성의 관련 재단법인인 자연농법국제연구개발센터에 이 재단의 법인화를 지도했던 농림수산성 담당 공무원이 상무이사를 포함해 두 명을 받아들이는 인사안을 건넨 것이다. 재단 측이 거부하자, 이에 분노한 농림수산성 과장이 재단 측을 거세게 몰아쳤고 이를 녹음한 테이프가 공개되었다.[33]

낙하산 외에도 문제투성이

공익법인은 낙하산인사 외에 다양한 문제를 드러내 왔다. 그럼에도 불구하고 공익법인의 근본적인 개혁에 착수한 것은 2000년대 이후인데, 2000년에 일어난 KSD사건이 그 발단이었다.

이는 KSD 중소기업경영자 복지사업단이 회원사인 중소기업으로부터 모은 돈을 정치인에게 뇌물로 보내거나 이사장이 사적으로 전용한 사건인데, KSD는 후생노동성의 낙하산인사가 이루어진 곳이어서 공익법인이 안고 있는 문제가 단번에 드러나는 꼴이 되고 말았다. 이로 인해 2001년 당시 하시모토 류타로 행정개혁담당 대신이 각 부처에 공익법인의 총점검을 요청해 공익법인제도 개혁이 시작되었다.

여기에서는 자세히 설명할 만한 여유가 없지만, 일본한자능력검증협회가 불투명한 계열 기업과의 거래로 화제를 부른 것처럼 공익법인의 문제는 반드시 낙하산인사만이 관련되어 있다고는 할 수 없다는 점을 제시하기 위해 간단하게 언급하기로 한다.

2002년 4월 정부는 '공익법인제도에 대한 근본적 개혁의 시점과 과제'를 공표하여 크게 세 가지 개혁 내용을 밝혔다. 첫째는 중앙 부처의 지배력이 너무 강하다는 점을 포함해 공익법인제도 전체의 위상, 둘째는 공익법인 가운데에는 영리 목적인 것이 있는 등 중앙 부처가 지도해 시정해야 할 대상이 있으며, 그 같은 부적절한 공익법인을 폐지하기 위한 개혁, 셋째는 낙하산인사를 포함한 중앙 부처와 상당히 가까운 공익법인행정위탁형 공익법인의 위상에 관한 개혁이다.

또한 2006년 공익법인제도 개혁 관련 3법이 제정되어 2006년 12월 1일 시행되었고 각 부처별 허가제도는 폐지되었다.

낙하산인사 억제를 위한 공익법인 개혁

이와 같이 공익법인에는 낙하산인사 외의 문제가 산적해 있지만, 가장 중요한 낙하산인사에 대해서는 어떤 개혁이 이루어졌을까?

낙하산인사 억제라는 점에서 공익법인 개혁은 특수법인 개혁과 상당히 유사하여, 직접적인 효과를 노린 직위 제한 등과 간접적인 효과를 노린 정보공개의 두 가지다. 이사의 구성에 대해서는 ① 이사 가운데 소관 부처 출신이 차지하는 비율을 3분의 1 이하로 할 것, ② 임원 급여에 대한 정부 조성금 폐지, 이 두 가지가 가장 강력한 조치라고 할 수 있다.

이 밖에도 정부 부처가 공익법인을 지도해야 할 사항으로 ① 국가공무원 출신 임원은 임원 명부에 최종 직위를 부기할 것, ② 정부로부터 보조금을 받고 있는 공익법인은 임원의 급여·퇴직금에 관한 규정을 정할 것, ③ 정부와 밀접한 관계를 가진 공익법인 상근임원의 급여·퇴직금 등이 민간뿐만 아니라 국가공무원의 급여·퇴직수당의 수준과 비교하여 부당하게 고액이 되지 않도록 할 것, ④ 정부와 밀접한 관계를 가진 행정위탁형 공익법인을 대상으로 임원의 재임 연령에 관해 적절한 규정을 정비할 것을 결정했다.

정보공개에 대해서는 공익법인의 임원 중 공무원 출신이 있는지를 공개하도록 요구하고 있다.

이 두 가지 대책과 함께 행정위탁형 공익법인에 대해서도 대책이 강구되었다. 행정위탁형 공익법인이란, 총무성의 『공익법인백서』에 따르면 '특정 법령 등을 통해 각 부처로부터 제도적으로 사무 · 사업의 위탁 · 추천 등을 받고 있는 공익법인'이라고 정의되어 있다. 즉 중앙 부처의 업무를 대행하는 공익법인을 말한다. 다양한 공익법인 중에서 부처의 위탁을 받기 때문에 한 단계 높은 공익법인이며, 부처와의 관계가 밀접하므로 유착이 쉽게 일어난다. 이는 공익법인 전체에서 차지하는 행정위탁형 공익법인의 비율에서도 알 수 있다. 2007년 10월 현재 행정위탁형 공익법인의 수는 410개로 정부가 소관하고 있는 공익법인 총수 가운데 고작 6.1퍼센트에 불과하다.

행정위탁형 공익법인에 대한 개혁의 방향성에 관해서는 정부 문서에 제시되고 있는데, 기본적 관점은 '민관의 역할 분담'이라는 것이다. 즉 '굳이 행정위탁형 공익법인이 하지 않더라도 되지 않느냐', '어쩔 수 없이 정부가 해야 할 업무라면 정부 스스로 행하거나 독립행정법인에서 이루어지도록 하는 것이 좋지 않은가' 하는 관점에서 대응이 이루어지고 있다.

제8장

낙하산인사는 뿌리 뽑힐까

누가 낙하산인사를 규제하는가

민주당 정부는 '낙하산 근절'을 소리 높여 외치고 있다. 과연 실현 가능할까?

낙하산인사 규제를 생각할 때 정부 각 부처가 공무원의 재취업 알선을 규제할 것인가, 공무원의 재취업 자체를 규제할 것인가, 이 두 가지가 가장 큰 논점이 된다.

우선 각 부처가 공무원의 재취업 알선을 규제할 것인가를 보자. 앞에서 말한 대로 낙하산인사의 가장 큰 특징은 부처 알선이다. 이른바 국가공무원만을 위한 '최고급 직업 소개소의 존재'를 어떻게 볼 것인가 하는 문제이다.

정부가 공식으로 알선 사실을 인정하지 않아 지금까지 금지 규정이 법제화된 적이 없다. 민주당 정부는 부처 알선을 금지해야 한다고 주장하고 있지만, 제2차 세계대전 후 국가공무원법을 '각 부처가 퇴직자의 재취업을 알선하는 것을 금지한다. 이를 위반할 경우, 벌칙으로…… 징역 ○년' 식으로 개정하려 추진한 일이 단 한 번도 없다.

다음은 국가공무원의 재취업 자체를 규제할 것인지 여부이다. 이는 '공무원은 정년까지 근무한 이후는 민간 기업이든 공익법인이든 재취업해서는 안 된다'와 같이 직업 선택의 자유 자체를 구속해 버릴 것인가 하는 문제다. 이러한 규제 역시 존재하지 않는다. 아무리 공무원의 낙하산인사가 문제라고 해도 직업 선택의 자유를 제한하는 것까지는 논의되지 않았다.

이에 대해 좀 더 구체적으로 ① 누가 규제 주체가 될 것인가, ② 누가 규제 대상이 될 것인가고위 관료에 한정할 것인가, 모든 공무원을 대상으로 할 것인가 등, ③ 재취업처 가운데 규제 대상은 어디인가민간 기업인가, 특수법인인가 등, ④ 재취업이 규제되는 기간은 어느 정도로 할 것인가퇴직 후 2년으로 할 것인가, 5년으로 할 것인가 등에 대해서는 다음과 같은 규제가 실시되어 왔다.

규제 주체의 문제부터 대략적으로 설명하면, 종전 후 추진된 규제의 대부분은 인사원과 회계검사원을 통해 이루어졌다. 그리고 그다지 눈에 띄지는 않지만, 자민당의 규제도 있었다. 나아가 아베 내각에서 추진된 낙하산인사 규제는 내각이 주체였다. 이상이 민주당 정부가 탄생하기까지 낙하산인사의 규제 주체이다. 이에 반해 민주당이 의도하고 있는 것은 국회를 통한 규제이다. 뒤에서 자세하게 설명하겠지만, 이는 국회 자체가 항상 낙하산을 감시한다기보다는 공무원의 '직업 선택의 자유'를 박탈하는 것과 마찬가지일 제도적 법규제를 의미한다.

인사원을 통한 허점투성이 규제

제2차 세계대전 종전 후 낙하산인사 규제의 중심은 인사원에 의한 것이었다. 규제 대상은 국가공무원, 재취업처의 표적은 민간 기업이었다. 인사원이란 국가공무원의 노동조건에 깊이 관여하는 조직으로, 내각으로부터 어느 정도 독립성을 가진 조직이다.

헌법은 제28조에서 노동기본권, 즉 단결권 · 단체교섭권 · 파업권의 노동삼권을 보장하고 있다. 노동자 한 사람 한 사람은 경영자나 회사 앞에서 약한 존재지만, 이를 보완하기 위해 함께 연대하여 경영자와 협상하고 경우에 따라서는 파업에 호소하는 것은 '헌법에서 보장하는 권리'이다.

공무원도 노동자이므로 당연히 이 권리를 인정받는다. 다만 공무원의 경우, 국민의 봉사자로서 일하는 사명이 있다는 점, 급여와 노동시간 등의 근무 조건은 급여의 재원이 세금이라는 점과 의회제 민주주의의 원칙에 따라 국회에서 결정된다는 특수성이 있다. 민간 기업과 같이 노사 협상으로 결정하는 것이 아니다.

그 때문에 공무원의 노동기본권은 제한적이며 이는 위헌이 아니라는 것이다. 또한 공무원은 다양하며 모든 공무원의 노동삼권 전부가 제약받는 것은 아니다. 경찰관이나 소방공무원은 삼권 모두 제약받지만, 일반 사무직 공무원은 단체를 결성해 협상하는 것까지는 인정된다. 그러나 공무원이 노동자라는 사실은 분명하기 때문에 노동기본권이 제약을 받는 대신 보상 조치가 인정된다. 대표적인 것은 근무 조건이 법률로 엄격하게 지켜진다는 점이다. 말하자면 불황이 될 때마다 구조조정을 걱정하는 민간 기업의 샐러리맨과 달리 공무원은 신분보장을 대전제로 한다는 것이 공무원법에 들어 있다.

또한 공무원의 근무 조건을 개선하는 것을 목적으로 한 '제3자 조직'이 존재한다. 이것이 인사원인데, 즉 인사원은 관제 어용조합의 역할을 하는 것이다. 공무원은 파업을 단행할 노동조합을 만들 수 없다. 이에 노동조합을 대신해 공무원의 권리를 지키는 조직이 있는 것이다.

인사원을 중심으로 한 낙하산인사 규제는 구 국가공무원법 제103조에 의거한 것이다. 이 조문에서 "공무원은 이직 후 2년간은 영리기업의 지위에서, 이직 전 5년간 재직한 인사원 규칙에서 정한 국가의 기관 또는 특정 독립행정법인과 밀접한 관계에 있는 곳에 취업하는 것을 승낙하거나 취업해서는 안 된다"제2항, "인사원 규칙이 정하는 바에 의거해 소관 청의 장의 신청을 통해 인사원의 승인을 얻은 경우에는 이를 적용하지 않는다"제3항라고 되어 있다.

쉽게 말해, 2년간은 관련 기업에 재취업해서는 안 된다는 것으로, 국토교통성 출신은 대형 종합 건설 회사, 금융청 출신은 금융기관에 2년간은 재취업할 수 없다는 것이다. 다만 인사원의 승인이 있는 경우는 예외를 인정한다.

이 제도는 연합군 최고사령부GHQ가 만들었다. 제2차 세계대전 이전에도 '관리복무기율'이라는 것이 있어 "관리 본인뿐만 아니라 그 가족도 허가 없이 부업을 해서는 안 된다"라는 엄격한 규제가 있었으나, 관련 민간 기업에의 재취업 규제는 없었다. 이런 의미에서 이는 점령 정책의 산물이라고 할 수 있지만, 무슨 우연인지 '전후 체제로부터의 탈피'를 캐치프레이즈로 내건 아베 내각에 의해 폐지되었다.

그 이유는 간단하다. 인사원의 낙하산인사 규제는 허점투성이였기 때문이다. 애초에 비영리법인은 규제 대상이 아니었으며, 인사원의 승인이 있는 경우 관련 기업에 낙하산으로 가는 것이 가능했다. 나아가 퇴직 후 2년이 지나면 규제가 사라지기 때문에 빠져나갈 구멍이 많은 규제였다.

제구실을 못하는 회계검사원의 감시

이번에는 회계검사원을 통한 낙하산인사 규제이다.

회계검사원에는 회계감사를 통해 정부 부처의 낭비를 찾아내 이를 시정하는 역할이 부여되어 있으며, 헌법상으로 막강한 권한과 독립성을 보장받는다. 낭비를 찾아내는 역할이 부여되어 있다는 것은 낭비로 이어질 만한 낙하산인사를 시정하는 것도 포함한다는 뜻이다.

하지만 이 감사 기능이 절대적으로 부족하다고 항상 비난을 받고 있다. 정부 부처에 대한 회계검사원의 회계감사가 엉성한 주된 이유는 회계검사원 직원 자신의 낙하산인사에서 비롯한다는 것이다. 회계검사원은 독자적인 재취업처를 갖고 있지 않아 다른 부처가 소관하는 특수법인에 재취업하는 것이 대부분이다. 그 결과 각 부처에 다양한 정보가 누설되고 있을 뿐만 아니라 회계검사원에는 규율과 긴장감이 사라진 것이다.

이러한 사태에 대해 한 회계검사원 간부는 스스로, "우리는 특수법인을 하나도 갖고 있지 않아 재취업처를 부처에 부탁하지 않을 수 없다. 검사 보고에 싣지 않으면 좋겠다는 부탁을 받을 경우 아예 처음부터 거절할 수 없고, 행정 개혁에 반영되도록 과감하게 지적하기도 어려워진다"라고 인정했다.[34]

자민당은 무얼 했나

이어서 종전 후 대부분을 여당으로 보낸 자민당의 규제를 살펴본다. 자민당이 정리된 규제안을 내놓은 적은 없다. 원래 정치인이 개별적으로 낙하산인사에 개입하는 것이 일반적이었다. 물론 정부의 낙하산인사 규제가 여당인 자민당의 의사라고 생각한다면, 자민당도 낙하산인사를 열심히 규제했다고는 할 수 있지만 이는 최근의 일이다.

우주개발사업단의 이사장 직급은 과학기술청 사무차관 출신의 지정석이었지만, 다나카 마키코 과학기술청 장관 시절 원자력국장으로 퇴임한 마쓰이 다카시 부이사장이 승진하는 변칙 인사가 이루어졌다. 이는 다나카 장관이 전 이사장에게 사임을 요구했기 때문이다.[35]

또 하나 유명한 사례를 들면, 거물급 사무차관으로 불리는 사이토 지로 전 대장성 사무차관의 낙하산인사이다. 사이토

차관은 민주당의 거물 정치인 오자와 이치로와 상당히 밀접한 관계가 있어 호소카와 모리히로 비자민 연립정부에서는 위세를 떨쳤는데, 그것이 자민당으로부터 상당한 원한을 샀다. 그래서 자민당이 정권을 탈환하자마자 사이토 차관은 자민당에 밉보여 재취업이 제대로 되지 않았다고 한다.

사이토는 근신 기간 중에도 몇 번이나 부처 내의 옛 사이토파 세력을 대장성의 실력자 자리인 도쿄증권거래소 이사장에 앉히기 위해 눈물 날 정도로 동분서주했다. 그러나 그때마다 자민당 내의 강한 반대에 부딪혀 그러한 계획은 몇 번이나 좌절했다.[36] 민주당 정부가 탄생한 2009년 사이토 전 차관은 이를 뒷받침이나 하듯 일본우정사장으로 보기 좋게 부활했다. 이를 가리켜 민주당이 주장하는 낙하산인사 규제에 반하는 것이라고 논란이 일었던 것이 새삼 떠오른다.

아베 내각의 규제안

이러한 허점투성이 낙하산인사 규제를 바꾸려고 한 것이 아베 내각이다. 아베 내각은 국가공무원법을 개정했다.

개정의 첫 번째 축은 부처 알선을 금지하고 '민관인재교류센터'라는 재취업을 알선하는 전문 조직을 내각에 설치하여 낙하산인사를 일원적으로 관리하는 것이다. '정부가 퇴직 공무원의 재취업을 알선한다'는 기본 자세는 무너지지 않았으나, 낙하산인사를 내각이 일원적으로 관리해 각 부처가 소관하는 관련 단체에 재취업하는 흐름을 바꾸려 했다.

두 번째는 민간 기업뿐만 아니라 비영리법인도 내각의 관리 대상이 되었다는 것이다. 지금까지 비영리법인에 대해서는 낙하산인사 규제가 없었던 만큼 이 조치는 획기적이라고 평가받았다.

세 번째는 앞에서 언급한 바와 같이 인사원의 민간 기업 재취업 규제를 철폐하여 민간 기업에 자유롭게 재취업할 수 있게 된 것이다. 이에 대해서는 개악이라는 견해가 일부에 있다. 그러나 인사원 규칙을 폐지하는 대신 재취업한 전직 공무원이 현직 공무원에게 '이번 발주 공사의 내용을 알려달라'고 로비하는 것을 금지했다. 이른바 사후 규제로 입장을 바꾼 것이다.

자민당 내각이 존속했다면 민관인사교류센터를 통한 내각의 재취업 관리가 주류가 되었을 테지만, 민주당 정부가 탄생함에 따라 향후 이 제도는 틀림없이 수정될 것으로 보인다. 당연히 아베 내각이 만든 제도는 발족 당초부터 자민당 내에서조차 비판의 소리가 있었던 것이 사실이다. 근본적으로 수정되었다고 해도 놀랄 일은 아니다.

주된 비판은 "내각을 관리하여 각 부처의 이권과 재취업을 차단한다지만, 아무래도 그림의 떡이 될 것이다. 몇 년 지나면 도로 아미타불이 되고 그저 낙하산인사 초만원 사태가 될 것이 분명하다"라는 것이다.

민관인재교류센터에는 "센터 직원이 자신과 같은 부처 공무원의 재취업을 알선하지 않는다"라는 규칙이 마련되어 있다. 국토교통성에서 파견 나온 민관인재교류센터 직원이 국토교통성 선배의 재취업을 관여하면, 거기에는 의리 · 인정 · 유착이 생겨 내각의 일원적 관리는 융해되어 버릴 것이기 때문이다. 그러나 이런 규칙은 순식간에 망가질 수밖에 없다는 말이 일찌감치 나왔다. 사실 민주당 정부 탄생 전 '막판 낙하산인사'로 이러한 비판이 옳다는 것이 증명되었다.

'민관인재교류센터는 제대로 기능할 것인가' 하는 우려가 있다. 민관인재교류센터가 민간의 취업 소개 회사 못지않게 능력 위주의 매칭을 수행하고자 해도 적은 인원과 빈약한 경험으로 해낼 수 있을지 공무원조차 불안을 느끼고 있다.

그리하여 2008년 제도 발족 이후 3년간은 민관인재교류센터와 부처 알선을 병행해 인정하고 있다. 부처는 '3년간은 유예 기간이기 때문에 그사이에 현안을 정리하자'고 생각하고 있다. 하지만 아소 내각에서 낙하산인사와 메뚜기인사가 강하게 비판을 받은 결과, 유예 기간은 1년으로 단축되고 말았다.

민주당의 낙하산 규제안

이상과 같은 규제안으로는 전혀 충분하지 않다는 것이 민주당 정부의 입장이다. 그럼 그들은 도대체 어떤 규제안을 생각하고 있는 것일까?

민주당은 낙하산인사의 근절을 주장해 온 만큼 지금까지와는 비교할 수 없는 강경한 규제안을 도입할 것이다. 그러나 낙하산인사는 공무원의 직업 선택의 자유와 관련 있는 만큼,

위헌 가능성을 부정할 수 없을지도 모른다. 민주당이 강경한 규제안을 내놓을 경우, 법원에 제소해 법적 판단을 요구하겠다고 반 농담조로 말하는 공무원이 있을 정도다.

민주당의 낙하산인사 근절안에 대해서는 2007년 민주당이 국회에 제출한 '낙하산인사 규제 법안'이 참고가 될 것이다. 민주당의 방침은 규제 대상의 범위를 국가공무원에서 나아가 지방공무원 · 특수법인 · 독립행정법인 등의 임직원까지 확대하고, 재취업 규제 기간은 5년간특수법인 · 독립행정법인은 2년간, 그리고 낙하산인사의 규제 대상에는 관련 영리법인뿐만 아니라 비영리법인을 포함지방공공단체는 제외하는 것으로 대단히 강경하다고 하겠다. 물론 각 부처의 알선도 내각의 알선도 금지된다.

이 안에 따르면, 공무원은 퇴직 이후 일해서는 안 된다는 것이나 마찬가지이므로 낙하산인사가 근절된다. 능력으로 재취업을 하든 연줄로 재취업을 하든 전직 공무원의 알선으로 재취업을 하든 부처와 관련이 있는 조직에 재취업하는 것 자체가 금지되기 때문이다.

하지만 이 안이 실현될 경우, 직업 선택의 자유와 관련해 마찰이 적잖이 생길 것이다. 분명 낙하산인사는 문제지만, 5년간이라는 긴 기간 공무원의 재취업 활동을 금지하는 것은 인권을 무시하는 것에 가깝다는 생각조차 든다. 특정 직업에 대해 정말 이 정도의 규제를 도입해도 되는 것일까? 낙하산인사를 근절하는 데에 좀 더 다른 방법은 없는 것일까? 정책으로는 강하게 몰아붙이는 수밖에 없다.

공무원에게도 직업 선택의 자유는 있다. 이직을 하고자 하는 사람도 있다. 또한 공무원뿐만 아니라 샐러리맨이라면 누구나 자신이 해온 업무에서 얻은 경험과 지식을 활용해 그와 관련된 곳으로 이직이나 재취업을 바랄 것이다. 그럼에도 불구하고 공무원만은 전혀 다른 전제에서 재취업 규제를 하는 것이기 때문에 마찰이 생기는 것은 당연하다.

만약 공무원에게 이처럼 강경한 규제를 실시한다면, 국회의원에게는 더욱 엄격한 규제를 도입하라고 말하고 싶다. 태연하게 겸직하고 있는 국회의원이 얼마든지 있는 데다 오셀로 게임과도 같은 소선거구제도에서 양산된 풋내기 국회의원을 위해 도대체 얼마나 많은 세금을 투입하고 있는가 말이다.

위헌과 실효성이 없다는 딜레마

민주당의 낙하산인사 근절 법안은 매스미디어로부터 높이 평가받고 국민 여론으로부터 박수갈채를 받고 있다. 그러나 정권여당인 민주당은 틀림없이 어려운 국면에 직면할 것이다.

하나는 '관련' 영리법인과 비영리법인을 어디까지 인정할 것인가 하는 문제 때문이다. 제2차 세계대전 후 낙하산인사 규제안에서 후생노동성의 공무원은 제약 회사에, 국토교통성의 공무원은 대형 건설 회사에 낙하산으로 가는 것이 금지되어 왔다. 민주당의 규제안은 이러한 연장선상에 있다. 5년간의 재취업 금지라는 강력한 조치를 내세우고 있지만, 어디까지나 규제 대상은 관련 조직이다. 그런데 이 '관련'을 어디까지 인정할 것인가에 따라 이는 위헌이 될 가능성이 있는가 하면, 실효성이 떨어질 가능성도 있다.

예를 들어 국토교통성의 경우 관련의 범위를 확대하면, 대형 건설 회사와 육해공의 운수업뿐만 아니라 이들에 융자하고 있는 금융업으로 확대되는 식으로 고구마 넝쿨처럼 커지고 만다. 이와 같이 엄격하게 해석할 때, 재취업은 거의 불가능하다. 즉 직업 선택의 자유를 박탈당하게 된다. 한편 '관련'을 느슨하게 해석할 경우, 알맹이가 빠진 규제가 되어 버린다.

또 다른 어려운 문제는 민간에서 공무원이 될 사람이 없어진다는 것이다. 이것이야말로 '민관 인재 교류'를 저해하는 격이 되고 만다. 금융기관에서 내각부의 경제 전문가로 이직한 사람이 낙하산인사 규제 대상이 되어 금융기관에 재취업할 수 없게 된다면, 과연 민간 기업에서 공무원으로 이직할 사람이 있을까. 이것도 제도의 틀에 달려 있지만, 규제 대상으로서 공무원의 이력을 어느 정도까지 인정할 것인지 선 긋기가 만만치 않은 일이다.

이 같은 딜레마를 생각한다면, 민주당의 낙하산인사 근절 방안은 좀 더 현실적인 것이 되어야 한다. 아마도 다음의 세 가지가 정책의 중심이 되어야 할 것으로 생각한다.

첫째, 대신의 인사권이 미치는 특수법인과 독립행정법인에 대해서는 민주당이 이미 내놓고 있는 것처럼 낙하산인사를 인정하지 않고 공모를 통해 선정하는 것이다. 이때 민간인 출신자를 어느 정도로 할 것인가 등 수치상의 목표 설정이 중요해진다.

둘째, 최대의 재취업처인 공익법인 중 불필요한 공익법인은 없애거나 낙하산인사가 많은 조직에는 보조금을 삭감하는 등 재취업처 자체를 축소해 가는 것이다.

셋째, 낙하산인사 근절을 위한 조사 기관을 만들어 전직 공무원의 재취업 알선 등을 조사해 '사실상의 낙하산인사' 사례를 철저하게 적발하는 것이다.

궁극적인 해결책

여기에서 잊어서는 안 되는 것은 낙하산인사 자체가 발생하는 요인이 정부의 인사노무 관리에 있다는 점이다. 말하자면 궁극적으로는 조기퇴직 장려나 연차제도를 없애고 모든 공무원이 정년까지 근무한다고 해도 활력이 약화되지 않는 조직을 만드는 것을 배제하고는 낙하산인사를 근절하기란 불가능에 가까운 일이다. 그렇지 않는 한 민주당처럼 강력한 규제책을 도입하더라도 온갖 방법을 이용해 낙하산은 계속될 가능성이 높다.

가장 있을 법한 낙하산인사의 '변형된 형태'로는 향후 부처의 알선이 아니라 전직 공무원과 현직 공무원, 혹은 전직 공무원끼리의 개인 간에 알선을 함으로써 낙하산 규제를 피하려는 움직임이 강해질 것으로 보인다. '선배 ○○ 씨의 소개와 알선으로 △△재단의 이사에 재취업했다. ××성 관방인사과의 알선을 받지 않았으니 불법은 아니다'와 같이 수면 아래에서 직위를 주고받는 '불투명한 낙하산인사 시스템'으로 변화될 것이다. 규제를 할수록 악이 더욱 깊이 가라앉아 실태를 점점 파악하기 어려워질 것이다.

민주당의 낙하산인사 근절 법안을 동원하면, 이러한 전직 공무원을 통한 소개를 규제하지 못하는 것은 아니다. 관련 조직에의 재취업 자체를 규제하고 있기 때문에 지금까지보다는 실효성이 있을 것이다. 그러나 국토교통성의 공무원이 일단 전혀 관계없는 재무성의 공익법인에 낙하산으로 가서 5년간 근무한 뒤 국토교통성의 관련 조직으로 이동하는 것까지는 근절하지 못한다.

결국 '사람의 이동', '이직', '재취업'이란 그런 것이라고 한다면 어쩔 수 없다. 인위적인 규제로 쉽게 막을 수 있는 것이 아니다. 사람의 국제적인 이동조차 완전하게 규제할 수 없는데, 어떻게 국민의 직업 선택의 자유를 제한할 수 있을까. 생활이 걸려 있다면 누구나 이 정도의 일은 한다.

이러한 점을 고려하면, 규제로 사람의 이동을 막는 것이 아니라 자연스럽게 낙하산인사가 사라지도록 시스템을 만드는 데에 지혜를 모으는 것이 현실적일 것이다. 정년까지 만족스럽게 일할 수 있는 직장 환경을 만들고, 연금 수준을 조금씩 올리고, 일본 전체적으로 노동시장의 유동성을 높이는 것이 필요하다.

한편 재취업처가 된 특수법인, 허가법인, 독립행정법인, 공익법인으로 하여금 낙하산을 받아들이는 폐해를 통감하도록 하는 구조를 생각해야 한다. '낙하산인사를 보내는 측'과 '낙하산인사를 받아들이는 측' 쌍방에 영향을 주는 정책을 만들어야 낙하산인사가 자연스럽게 사라진다.

그리고 낙하산인사 근절에 가장 중요한 것은 '여론'이다. 여론이 비판적이면, 일시적이나마 낙하산인사가 억제되는 것은 과거의 사례들이 입증하고 있다. 대장성의 뇌물 사건인 노팬티 샤브샤브 사건1998년 발각된 대장성 접대 사건. 은행의 대장성 담당자가 전·현직 대장성 관료 접대에 여종업원이 노팬티로 일하는 샤브샤브 식당을 이용했다고 매스미디어에 폭로하면서 불거졌다. 보도 이후 관료 7명이 체포·기소되어 전원이 유죄 판결을 받았으며, 당시 대장성 대신과 일본은행 총재가 사임했다 — 옮긴이 주과 같은 고위 관료의 불상사가 사회를 뒤흔든 1990년대 후반 이후 낙하산인사에 대한 여론은 해마다 나빠지고 있으며, 이러한 뒷받침이 있어야 비로소 낙하산인사를 규제하는 방향으로 나서기 시작하기 때문이다.

금융 행정과 관련된 부정부패로 비판을 받은 대장성 때문에 '대장성의 실력자'라고 불리는 사무차관 출신 나가오카 미노루가 프로야구 센트럴리그 회장직을 사임하고 말았다. 또한 1990년대 후반 대장성 사무차관 출신의 양대 지정석으로 불린 일본은행 총재와 도쿄증권거래소 이사장 직위에 대한 지배력을 잃기 시작했다고 한다.

부정 사건과 불상사의 발각으로 낙하산인사에 영향을 미친 것은 어느 부처에서나 볼 수 있는 현상이다. 건설성과 대형 건설 회사의 관계도 그렇다. '담합의 온상'이라고 비판받은 뇌물 사건을 계기로 당시 건설성 대신은 대형 건설 회사에의 낙하산인사를 자제하겠다고 발표했다. 이후 대형 건설 회사에의 재취업은 그림자를 감추기 시작하더니, 1994년에는 제로를 기록하기도 했다.[37]

종장

건설적 논의를 위하여

낙하산인사의 기원

낙하산인사가 근절되기 어려운 이유 중 하나는 낙하산인사라는 고용 관행 역시 많은 관행이나 제도와 마찬가지로 오랜 세월을 거치면서 형성된 역사적 산물이라는 점이다. 조기퇴직 권고라는 고용 관행은 쇼와1926~1989 초기에 이미 나타났다. 이에 맞추어 재취직처를 알선하는 관행이 나타났음을 확인했다.

낙하산인사天下り, 天降り라는 용어는 제2차 세계대전 전부터 존재했다. 『아사히신문』의 데이터베이스에서 제2차 세계대전 기사를 검색해 보면 天降り가 24건, 天下り가 8건 나온다. 숫자 자체가 대단하지는 않지만, 그 이유는 낙하산인사가 오늘날처럼 큰 사회적 문제가 아니었기 때문으로 보인다.

당시는 혜택이 많은 은급제도가 있어 생계를 위해 재취업할 필요성이 없었으며, 민간 기업도 특수법인 등과 같은 비영리법인도 미처 발달하지 않았던 것이다.

관료가 민간 기업에 낙하산인사로 재취업하게 되는 것은 다이쇼1912~1926 말기부터 쇼와 초기 이후인데, 그 계기는 전시경제 체제이다. 전쟁을 수행하려고 정부가 경제에 적극 개입하자, 관료와 민간 부문의 교류가 활발해진 것이다. 시기를 구체적으로 특정하기는 어려우나, 하나의 계기로서 1931년 만주사변 이후 전시체제로 줄달음친 것이 있었음은 틀림없다. 그후 중요 산업별로 강제 카르텔을 형성하기 위해 통제회가 만들어졌고, 통제회의 수장으로 많은 관료가 취임했다.

제2차 세계대전 전의 특수법인과 낙하산인사 규제

다만 제2차 세계대전 전에도 낙하산인사의 주류는 민간 기업이 아니라 특수법인이었다. 제2차 세계대전 이후만큼은 아니었지만, 제2차 세계대전 전에도 특수법인은 상당수 존재했다. 대장성 주계국에서 펴낸 『특수회사 관계 법규집』을 보면, 1940년 특수회사는 내지內地 관계 회사·외지 관계 회사·내지 관계 은행·외지 관계 은행·금고를 포함하여 42개 있었다.

게다가 놀랍게도 '감독관청으로부터의 낙하산인사를 금지하는' 회사가 7개사나 되었다. 이들 특수회사의 근거법 제정 연도와 낙하산 금지 규정이 없는 특수회사를 비교해 보면, 1938년 이후 근거법이 제정·개정된 회사에는 낙하산인사 금지 규정이 있었음을 알 수 있었다.

예를 들어 일본미곡주식회사미곡배급통제법 1939년에는 "일본미곡주식회사를 감독하는 관청의 관리인 자는 그 직을 물러난 후 5년간 일본미곡주식회사 임원이 될 수 없으며, 단 주무 대신이 특별히 필요하다고 인정할 시에는 그에 한하지 않는다"제27조라는 규정이 있는데, 유사한 규정은 제국광업개발주식회사법1929, 국제전기통신주식회사법1938년 개정으로 도입, 일본발송전주식회사법1938, 대일본항공주식회사법1939, 은급금고법1938, 서민금고법1938에도 있다.

각 법률에 공통되는 규제는 감독관청의 관리였던 자는 퇴직 후 5년간 임원이 될 수 없다는 점이다가장 엄격한 일본발송전주식회사의 경우 사원이 되는 것도 규제 대상. 예외적으로 '주무 대신이 특별히 필요하다고 인정하는 경우', '정부의 인가가 있는 경우'가 규정되어 있었다.

법률 속에 낙하산인사 금지 규정이 삽입되어 있다는 것은 매우 중대한 사실이다. 왜냐하면 제2차 세계대전 전부터 이미 특수법인으로의 낙하산인사가 문제 되었음을 보여 주기 때문이다. 제2차 세계대전 전이나 후에도 관료는 변함이 없었던 것이다.

제2차 세계대전 전 낙하산인사 규제의 계기가 된 일본발송전주식회사법을 둘러싼 움직임을 살펴보면, 국회에서 관영사업과 민간 기업의 비교 혹은 관영사업 경영의 비효율성 등이 다루어지는 과정에서 낙하산인사 규제에 대한 논의가 이루어져 정우회와 민정당의 공동 수정 형태로 규제 조문이 삽입되었다.

오늘날의 일본과 매우 유사하지 않은가. 낙하산인사가 문제시되는 과정에서 민주당은 말할 나위 없고 자민당도 여론을 무시할 수 없게 되었다. 결국에는 낙하산인사 문제에 관해서만은 서로 힘을 모아 관료들과 대항하는 구도가 되었다. 그 점에서는 여당 · 야당을 불문하고 '정치인 대 관료'라는 구도가 형성되었다.

낙하산인사의 라이프사이클

제2차 세계대전 전이든 후든 낙하산인사를 긴 안목으로 보면 마치 하나의 생명현상처럼 일정한 주기가 존재함을 알 수 있다. 우선 행정 조직 형성기에는 각 부처의 조직 편성과 인사가 불안했기 때문에 낙하산인사에 인사제도로서의 특징이나 속성 등은 나타나지 않았다. 그러나 시간이 경과함과 더불어 조직 편성, 인사제도, 고용 관행이 확립되어 인재가 정착되어 감에 따라 낙하산인사 또한 확립기로 접어들었다. 그리하여 직위와 인원의 불균형 단계를 맞아 인사의 정체가 발생하고 낙하산인사는 완성기를 맞이했다. 조기퇴직 권고에 의해 중장년을 반강제적으로 은퇴시켜 관련 조직이나 민간 기업에 낙하산인사를 알선하는 것이 불가피해졌다. 그리고 완성된 낙하산인사 시스템은 다양한 폐해를 초래하게 되어 매스컴과 국회 등으로부터 비판을 받아 불안정기로 접어든다. 규제나 자제 조치가 취해져 낙하산인사처나 직위의 수준이 저하하는 국면이다. 현재는 그 정점에 있다고 말할 수 있다.

단계마다 낙하산인사의 질 또한 변화한다. 형성기나 확립기에는 관료가 인재로서의 희소성이 높고 개인의 능력과 인맥에 의거한 면이 강한 한편, 완성기에 들어서면 인사의 요소가 강해져 개인의 능력과 인맥과는 관계없이 인사의 일환이 되어 간다.

제2차 세계대전 전 메이지 시기1868~1912에는 하나의 관청에 종신고용되어 일하는 사례가 적은 탓에 낙하산인사가 나타나지 않았다. 재취직을 하지 않는 이가 상당수 존재하였고, 중의원 의원이 되거나 갑작스럽게 이직하여 민간의 요직에 앉는 이도 있었다. 인물 본위, 능력 본위의 재취직, 이직이다. 하지만 메이지 시기 후반이 되면서 특수회사로 재취직하는 이가 나타나고 쇼와 초기에는 완성 단계에 가까워지는데, 쇼와 10년1935 이후에는 이미 비판의 대상이 되어 규제 조치가 도입된다.

제2차 세계대전 후의 움직임은 더욱 알기 쉽다. 종전 직후는 조직 편성이나 인사가 불안정하고 정계나 재계에 인재가 고갈되어 있었던 터라 각 부처의 사무차관 등은 능력 본위로 낙하산인사를 했다. 제2차 세계대전 후 처음부터 규칙적인 인사가 시행되던 것은 대장성 정도였으며, 그 외 부처의 낙하산인사는 내외의 상황에 따라 변화해 갔다. 건설성에서는 정치인으로 변신하는 사무차관이 다수파를 차지했고, 통산성은 특수법인 이사장보다 민간 기업으로 옮겨 가 경영자가 되는 이가 다수파였다.

드디어 각 부처의 조직 편성, 인사가 안정되는 쇼와 30년대1955~1964에 들어가자 특수법인이 많이 창설되어 낙하산인사가 제도로서 확립되었고, 쇼와 40년대1965~1974 이후 완성기를 맞이했다. 그러나 버블 경제 붕괴 이후에는 경제성장이 둔화되는 한편, 재정 적자가 누적되는 상황을 맞이하여 매스컴과 국회로부터 맹렬하게 비판받으면서 오늘에 이르렀다.

낙하산인사의 미래

낙하산인사에는 발생 요인이 있으며, 또한 오랜 역사가 있다. 따라서 그 발생 요인을 제거하지 않는 한 이 싸움은 끝나지 않을 것이다. 규제나 감정적인 매도에 의해 일시적으로 혹은 표면적으로는 효과를 가져올 수 있으나, 그 정도로 해결되지 않는다는 것은 역사가 증명하고 있다. 낙하산인사라는 이름의 바이러스는 매우 강해서 그때그때 상황에 따라 모습을 바꾸어 가며 연명해 왔기 때문이다.

결국 생각할 수 있는 최선의 처방전은 관료가 납득하여 정년까지 일할 수 있는 구조, 민관 인재가 자유롭게 왕래할 수 있는 사회를 만드는 길뿐이다. 먼 길을 돌아 온 것 같지만 진심으로 근절하려고 한다면 그 방면으로 지혜를 짜내야 할 것이다.

'낙하산인사'라는 말에는 '위의 형편에 따라서 밑에 있는 사람에게 무언가를 강요한다'는 부정적인 뉘앙스가 담겨 있다. 그러나 원래 어원은 '신이 하늘에서 내려온다'는 것이다. 『이즈모노쿠니풍토기出雲國風土記』733년에 완성된 풍토기로, 시마네현의 지세·지명·전승 등이 담겨 있다 — 옮긴이 주는 신이 어떤 나라에 내려옴으로써 그 장소의 의미가 결정된다는 이원적인 세계관을 보인다. 하늘에서 내려오는 이가 신이니 그것은 당연한 것이라 할 수 있는데, 낙하산인사로 내려오는 자는 낙하산인사처의 지명地名에까지 크게 영향을 미치는 것이다.

이러한 낙하산인사의 어원을 생각해 볼 때 원래 낙하산인사를 하는 이는 상당한 실력자이며, 낙하산인사처의 모습을 크게 바꿀 수 있는 존재여야 한다. 하지만 현실 사회에서는 때때로 이에 반하는 일이 일어난다. 중앙 부처를 중심으로 일본의 많은 조직에서는 실력에 근거하지 않는 불합리한 인사가 반복되고 축적되어 왔다. 그것을 야유하는 감정이 만연하여 언제부터인가 낙하산인사라는 용어가 부정적 뉘앙스로 사용되었던 것이다.

낙하산인사가 사라지는 날이 온다면 그때 낙하산인사는 다시 좋은 뉘앙스를 갖게 될 것이다.

민주당 정권의 낙하산인사 대책—그 성과와 한계*

낙하산인사는 관공서의 인사제도와 밀접하게 관련되어 있어 인사제도를 근본적으로 개혁하지 않는 한 근절하기 어렵다. 공무원제도 개혁을 아무리 내세운들 근본적인 개혁이 없으면 낙하산인사를 막을 수 없는 것이다. 그래서 자민당 정권에서

---

* 이 글은 저자가 한국어판을 위해 이 책 출간 이후의 사정에 대하여 추가로 집필한 것이다.

도 공무원제도 개혁을 통해 낙하산인사를 억제하려 했지만, 결국은 제대로 이루지 못했다.

그렇다면 자민당 정권하에서 제어하지 못한 낙하산인사는 민주당 정권이 탄생하면서 어떻게 변모했을까? 정권 교체가 이루어진 2009년 총선거에서 민주당이 제시한 매니페스토에는 '정권 구상 5원칙과 5대책'이 제시되어 있었으나, 그 대부분은 통치 기구에 관한 사항이었다는 점에서 짐작할 수 있듯이 정치주도 실현에 중점을 둔 것이었다. 바꾸어 말하면, 관료주도 체제 타파를 주요 목표로 삼았다고 할 수 있다.

5원칙 5대책을 살펴보면 5원칙 중 세 가지는 통치 기구와 관련된 것인데, '관료주도 정치에서 집권 여당이 책임지는 정치인 주도의 정치로', '정부와 여당을 분리한 이원 체제에서 내각주도의 정책 결정 일원화로', '종적 구조 중심의 부처 이기주의에서 관저주도관저란 총리실을 뜻하며, 관저주도는 총리대신을 비롯한 각료가 주도하여 정책 입안·예산안 작성·관료 인사 등을 추진하려는 움직임을 말한다. 탈관료·정치주도라고도 한다. 과거 자민당 집권 시절에도 관료가 주도권을 쥐고 정책을 추진하는 관료주의에서 탈피해 관저주도로 변혁하려는 시도가 있었으나 실현되지 못했다. 2009년 9월 정권 교체로 출범한 민주당의 하토야마 내각에서 정치주도·관저주도를 내세웠으며, 정책 결정을 위한 국가전략국을 내각관방에 설치했다 — 옮긴이 주의 국익으로'가 그것이다.

또한 이러한 세 가지 원칙을 구체화하여 ① 정부에 대신·부대신·정무관 등 국회의원 1백여 명을 배치하고, 정무 3역을 중심으로 정치주도로 정책을 입안·조정·결정한다, ② 각료위원회를 활용하여 각료를 중심으로 정치인 스스로 어려운 정책 과제를 조정하고, 사무차관회의는 폐지하여 의사 결정을 정치인이 한다, ③관저 기능을 강화해 총리대신 직속의 국가전략국을 설치하고 정치주도로 예산의 골격을 마련한다, ④사무차관 · 국장 등 간부의 인사는 정치주도로 업적 평가를 바탕으로 하는 새로운 간부 인사제도를 확립하며, 정부의 고위공무원 행동 규범을 만든다, ⑤국민의 관점에서 행정 전반을 개혁할 행정쇄신회의를 설치하여 모든 예산과 제도를 심사해 예산 낭비와 부정을 배제하고 관민, 중앙 · 지방의 역할 분담을 조정하고 정리하며, 국가행정조직법을 개정해 부처 편성을 기동적으로 수행할 수 있는 체제를 구축한다, 라는 다섯 가지 방침을 세웠다.

이러한 통치 기구 개혁안에 '낙하산인사'라는 말은 보이지 않지만, 민주당은 야당 시절부터 낙하산인사를 관료주도 체제의 일부로 인식하고 강력하게 비난해 왔다는 점 등을 생각하면, 낙하산인사 근절이 중점 과제 중 하나였다는 사실은 말할 필요도 없다.

실제로 하토야마 내각은 낙하산인사와 관련해 다양한 방침을 내세웠지만, 가장 눈에 띄는 것은 '독립행정법인 등의 임원 인사에 관한 당면 대응 방침에 대해'2009년 9월 29일 각의 결정에 의거해 "공무원의 낙하산인사에 대한 국민의 거센 비판을 고려해 공정하고 투명한 인사를 확보한다는 관점에서, ①현재 전직 공무원이 임원에 취임 중인 자리에 후임자를 임명하려 할 경우, ②새롭게 전직 공무원을 임원에 임명할 경우에는 공모를 통해 후임자를 선임하여야 한다"라는 엄격한 방침을 제시했다. 독립행정법인 등의 임원은 고위직이며 낙하산인사 시스템의 기반인 만큼, 공모제도의 도입은 상당히 강력한 대책이라고 볼 수 있다. 실제로 이러한 정책은 효과가 있었던 것으로 보인다. 2011년 1월 12일자 『마이니치신문』에 따르면, 렌호 행정쇄신담당 대신은 각의 이후 회견에서 독립행정법인의 임원으로 있는 전직 공무원이 2010년 10월 시점 98명으로, 이는 정권 교체 이전인 2008년 10월의 189명에서 2년 만에 거의 절반으로 감소한 것이며, 임원 총수에서 차지하는 전직 공무원의 비율은 29.5퍼센트에서 14.7퍼센트로 낮아졌다고 발표했다.

한편 일본우정 사장에 사이토 지로전 대장성 사무차관를 임명해 낙하산인사라는 비판을 받는 등 하토야마 정권이 우왕좌왕한 면이 없지 않다. 더욱더 큰 문제는 눈에 띄는 개개의 인사가 아니라 정권 교체 이후 시간이 지날수록 낙하산인사에 대한 대응이 안일해졌다는 점이다. 2010년 8월 19일자 『마이니치신문』에 따르면, 민주당 정권은 지금까지 정부는 부장과 심의관급이 부처와 관련 있는 기업에 파견되는 것을 용인했을 뿐만 아니라 현직 공무원이 독립행정기관의 임원으로 파견되는 경우를 공모에서 제외하기로 결정했다. 모두 재무성의 의향이 강하게 반영된 것이다. 또한 『마이니치신문』에 따르면, 정부가 6월 각의에서 결정한 '국가공무원 퇴직관리 기본방침'에도 이러한 요망이 수용되어 독립행정법인의 임원으로 전직 공무원이 취임할 때 후임은 공모로 선임하기로 되어 있었으나 '현직 공무원이 파견 나가 있는 경우에는 공모를 필요로 하지 않는다'는 재무성의 요청을 받아들여 기본방침에서는 '공모 대상으로 하지 않을 수 있다'로 궤도를 수정했다고 한다. 또한 '교류 대상 범위 확대'로 공립 · 사립대학 사무국이나 공익법인 · NPO법인 사무국에의 파견을 인정하도록 요구해, 기본방침은 공익법인과 NPO법인에 대해 '조속히 검토하여 결론을 내도록 인사원에 요청한다'는 내용이 되었다고 한다.

내각관방과 재무성 간에는 2013년 들어 본격적인 절충이 계속되었으며, 재무성은 "낙하산인사에 대한 비판은 퇴직금을 몇 번이고 받는 것에 대한 비판이며, 이러한 일을 방지하기 위해서는 현직 공무원의 파견을 활용하는 것이 중요하다"라고 주장하고 있다고 『마이니치신문』에 실렸다. 이러한 주장은 낙하산인사 근절 정책에 역행하는 듯한 내용이지만, 정부 관계자에 의하면 민주당 정권 내에서 재무성의 주장과 배치되는 정치가의 움직임이 거의 없었기 때문에 기본방침에 반영되었다고 한다. 간 나오토 총리대신은 중의원 예산위원회에서 공명당의 사이토 데쓰오 정무조사회 회장에게, "현직 공무원의 파견을 낙하산인사의 변용이라고 지적하나 본인은 의견을 달리한다"라며 재무성의 주장을 옹호하는 답변을 했다. 재무성이 이러한 요망을 내놓은 배경에는 낙하산인사의 알선 금지로 인해 고시 출신 공무원에게 조기퇴직을 권고하기 어려워져 인사가 정체되고 있는 현실이 있다. 그러나 관련 단체로의 파견을 확대하는 행위는 낙하산인사 비판의 원인이 된 민관 유착의 온상이 될 수밖에 없기에 본말전도라 할 수 있다. 그래서 민주당 내부에도 '겉모양만 바뀐 낙하산인사'라고 우려하는 견해가 있었다.

또한 2011년 1월 28일자 『마이니치신문』에 따르면, 민주당은 낙하산인사 알선 근절을 내세우고 있지만 2009년 9월 정권 교체 이후 2010년 8월까지 조기퇴직 권고를 받은 국가공무원 1590명 가운데 권고를 거부한 이는 단 두 명뿐이었다. 정부는 부처의 알선 없이 자력으로 재취업했다고 주장하지만, 야당은 '뒷거래'라고 추궁하였다.

이와 같이 민주당 정권하 낙하산인사의 실태를 뒤돌아보면, 민주당이 통치 기구 개혁을 내세웠음에도 불구하고 낙하산인사에 대한 억제가 제대로 이루어지지 않았음을 알 수 있다. 정권 발족 초기에는 여론의 지지를 발판 삼아 관료의 저항을 누르는 데 성공했으나, 시간이 지나면서 서서히 관료들의 낙하산인사를 억제할 수 없게 되었다. 이와 같은 상황에 빠진 데에는 여러 이유가 있지만, 중요한 논점은 정치에 문제가 있는가, 아니면 관료의 저항이 그만큼 강력한가 하는 것이다. 민주당 정권이 발족해서 퇴진에 이르는 과정을 살펴보기에는 시간이 얼마 경과하지 않은 데다 아직 자료가 충분하지 않아 엄밀하게 분석하기는 어렵다. 하지만 예를 들어 민주당이 자민당의 병폐라고 비판해 왔으며, 간단하게 실현할 것처럼 주장해 온 '당과 내각의 일원화'조차 그리 쉬운 일이 아니었다는 점을 생각하면 정치 쪽에 더 큰 문제가 있다고 생각한다. 이를테면 정권이 발족된 지 1년 정도 경과한 시점에서 그 의미야 무엇이든 이미 민주당 국회의원이 족의원화하는 현상이 나타났다. 다음에서는 그 사례를 세 가지

들어 보겠다.

우선 당내 권력투쟁에 승리하기 위해 정부를 흔드는 사례이다. 오자와 전 간사장의 정치자금 문제를 둘러싸고 상황이 불리해지면서 당내에서 조금씩 비판의 소리가 높아지는 가운데 오자와 전 간사장과 거리를 둔 마에하라 국토교통 대신, 에다노 유키오 전 정무조사회 회장, 노다 요시히코 재무 부대신 등 세 명이 비판을 시작했을 때, 오자와 전 간사장 지지그룹의 한 사람이 "국회 각 위원회의 이사에 오자와 그룹의 사람들이 배치되어 있다. 마에하라 씨가 일본항공의 경영 파탄 문제로 실수를 범한다면 아웃될 것이다. 오자와 씨를 비판하는 각료에 대해서는 위원회에서 지원하지 않을 것이다"라며 견제했다는 내용의 기사가 2010년 2월 2일자 『요미우리신문』에 있었는데, 이것은 족의원이 자민당 내각을 뒤흔들었던 구조와 똑같다.

두 번째는 영국형 양당제와 달리 일본의 국회의원은 당과 내각이 일원화된 구조여서 평의원으로서 묵묵히 실력을 쌓아 간다는 사고가 희박하다는 것이다. 2009년 11월 5일자 『산케이신문』에 따르면, 민주당 최고고문을 역임한 와타나베 고조가 후쿠오카의 한 호텔에서 가진 강연에서 "대신 · 부대신 · 정무관 이외는 모두 한가하고 간사장인 오자와 이치로가 오른쪽이라고 하면 오른쪽, 왼쪽이라고 하면 왼쪽으로 움직일 뿐이다. 입각하지 않은 민주당의 국회의원은 무엇을 해야 하는가?"라며 권한이 일부에 집중된 당의 현실을 고언했는데, 그를 포함해 정부와 당의 요직에 등용된 의원 이외에는 활약

할 무대가 없다는 불만을 드러낸 것이다.

유사한 사례지만 2010년 2월 17일 각 신문의 보도에 따르면 다나카 마키코 전 외무대신, 우부카타 유키오 부간사장 등이 오자와 간사장에게 정무조사회를 부활시키도록 요청했다. 이에 오자와 간사장은 "각 부처의 부대신이 주관하는 정책 회의가 제대로 기능하면 해결될 문제이다"라며 부정적인 생각을 표명했다. 이 한편에서는 정책 입안에 참여하지 못한 당 내 의원들의 불만이 점차 쌓이고 있었던 것이다. 이 불만이 고조된다면 자민당의 족의원 같은 존재가 민주당에도 곧 생겨날 우려가 있다.

마지막으로 국회의원이라면 누구나 이익유도정당이나 정치인이 정권 유지 혹은 선거에서 득표, 정치 헌금 따위를 목적으로 특정 지역이나 업계 등을 위해 공공사업, 규제 완화 같은 정책상의 편의를 제공하는 것을 이른다—옮긴이 주라는 유혹에 넘어가기 쉽다는 사례다. 2010년 3월 5일자 『산케이신문』에 따르면, 3월 4일 참의원 예산위원회의 기본적 질의에서 민주당의 사쿠라이 미쓰루 참의원 정무조사회 회장이 자신의 지역구인 센다이시에 있는 센다이 신항구 확장 사업에 예산이 투입되지 않은 것에 분노하여 마에하라 세이지 국토교통 대신에게 이렇게 퍼부었다.

"국토교통성이 재조정하여 신규 채택 예정 사업이 중단되었다. 공공사업을 억제하면 안 된다. 지역 경제 발전의 발목을 잡고 말 것이다!"

그러자 마에하라 대신은, "지역의 공공사업에 관해 모든 지역에서 똑같은 소리를 한다. 여당 의원으로서 건설적인 의견을 제시해 주었으면 좋겠다"라고 답변했다. 이에 사쿠라이 의원은 "어처구니없다. 내 의견이 왜 건설적이지 않느냐. 발언을 철회하라"라고 맞섰고, 마에하라 대신도 철회할 생각이 없다고 맞받아쳤다.

그러나 정치적 · 관료적 문제보다는 집권 여당으로서 중앙 부처를 움직이고 공무원의 인사와 의욕 유지를 고려해야 한다는 의식이 높아졌다는 현실적인 이유가 있었을 것이다.

이러한 상황에서 관료의 저항을 배제하는 방향으로 계속 밀어붙일 때 발생할 막대한 부작용을 민주당 정권은 서서히 인식하게 되었다. 확실히 민주당 정권은 다양한 통치 기구 개혁에 의해 관료의 저항을 어느 정도 억제하는 데 성공한 것처럼 보이는 반면, 관료의 저항 억제를 과도하게 의식한 나머지 정책을 집행하는 데 필요 불가결한 정치인 및 관료와의 연락 · 접촉을 피하는 우를 범할 가능성도 있다는 것이다.

정치인과 관료가 만나지 않으면 인간관계를 쌓을 기회가 사라지고 한쪽이 다른 한쪽의 주장에 귀를 기울일 기회가 적어지기 때문에, 관료의 저항에 맞닥뜨릴 기회 자체가 감소한다. 그렇지만 정치인과 관료 사이의 의사소통 역시 줄어들어 정책 추진에 지장이 생길 확률은 커진다.

정치인과 관료의 거리감은 각 부처에 따라 다르겠지만, 민주당 정권이 2009년 9월 16일 각료간담회에서 합의한 '정 · 관의 바람직한 관계'에서 "정과 관은 각각의 역할을 존중하고 신뢰를 기본으로 하는 관계 구축에 항상 노력할 필요가 있다"라고 한 것과는 달리, 현실에서는 양자의 간극이 쉽게 메워지지 않은 것으로 보인다. 예를 들어 하토야마 내각에서 관방 차관을 역임한 마쓰이 고지 참의원 의원은 "관료는 지시만 기다리는 상태에 빠졌으며, 각 부처에는 결재를 받으려는 줄이 길게 늘어서고 정무 3역은 너무 바쁘다"라고 말했는데,[38] 이 상황이 정상적이라고는 할 수 없다.

하토야마 전 총리대신과 오자와 전 간사장이 정치자금 의혹으로 어려움에 처하기는 했지만, 중의원에서 그토록 안정 의석을 확보하고 있었음에도 정기국회의 법안 처리율이 최저 수준이었다는 점을 포함해 관료의 저항을 우려한 나머지 이를 배제하는 시스템이 업무 추진에 악영향을 끼치는 등 부작용이 있었던 것이 사실이다.

이처럼 궁지에 빠졌던 민주당 정권을 볼 때 낙하산인사 억제가 집권 여당에게 얼마나 어려운 일인가를 짐작할 수 있다. 정치주도로 위세당당하게 낙하산인사를 잠시 억제하는 것은 가능하겠지만, 집권 여당으로서 정책을 추진하기 위해서는 관료의 협력이 불가결하다. 따라서 계속 낙하산인사를 엄격하게 단속하기만 해서는 관료를 능숙하게 활용할 수 없다. 그렇기 때문에 타협을 하게 되고, 낙하산인사를 억제하지 못하게 된다. 민주당 정권의 움직임을 통해 볼 때, 낙하산인사 근절이란 매우 어려운 일이라는 사실을 다시금 깨닫게 된다. 무리 없이 낙하산인사를 억제해 가려면 공무원제도의 본질적인 개혁과 함께 집권 여당의 뛰어난 통치 능력이 요구된다고 하겠다.

***

1) 『아사히신문(朝日新聞)』, 1986. 7. 21.
2) 「인사이드 리포트 : 에바나 건설기술센터 이사장 토목의 실력자, 건설련 고문에 두 번째 낙하산인사!? 후임은 가와테 부지사 겸임으로 보인 기술계 현직원의 비애」, 『재계 후쿠시마』 제21권 제4호(2000. 4)(「インサイドレポート 江花建設技術センター理事長土木のドン, 建産連顧問に二度目の天下り!? 後任は「川手副知事兼務」で見えた技術系県職員の悲哀」, 『財界 ふくしま』).
3) 『아사히신문(朝日新聞)』, 1993. 12. 19.
4) 『AERA』, 1998. 12. 14.
5) 『AERA』, 1998. 11. 14.
6) 「도큐전철 본사에서 내려온 '낙하산'에 반발하는 그룹 각사」, 『재계』 제47호(1999), 재계연구소(「東急電鉄本社からの"天下り"に反発するグループ各社」, 『財界』).
7) 사에키 히로부미 · 시바타 마사하루, 2008, 『모회사의 낙하산인사가 자회사를 쓸모없게 만든다』, 니혼케이자이신문사(佐伯弘文 · 柴田昌治, 『親会社の天下り人事が子会社をダメにする』).
8) 「낙하산 권고를 거부한 통산 관료의 '나의 투쟁'」, 『주간 다이아몬드』, 2007. 6. 23(「天下り勧奨を拒否した通産官僚の'わが闘争'」, 『週刊ダイヤモンド』).
9) 「내무성 인사를 이야기하는 전 차관, 인사과장 좌담회」, 『다이카』 제39호(1967. 10)(「内務省人事を語る元次官 · 人事課長座談会」, 『大霞』).
10) 『대장성 인명록 : 메이지 · 다이쇼 · 쇼와(大蔵省人名録 : 明治 · 大正 · 昭和)』(1973).
11) 『내무성사(内務省史)』.
12) 김조설, 1992, 「국책회사 · 동척의 사업 전개」, 『신슈대학 경제학 논집』 제29호(金早雪, 「國策會社 · 東拓の事業展開」, 『信州大學経済學論集』).

13) 특수법인 등 노동조합연락협의회 편, 1994, 『'관료·낙하산인사 문제' 연구 시리즈 : 건설 관료』(特殊法人等労働組合連絡協議会編, 『「官僚·天下り問題」研究シリーズ : 建設官僚』).
14) 2~3년마다 발간되는 『인사흥신록(人事興信録)』이 대표적이다.
15) 지방재무협회, 『내정 관계자 명부』(地方財務協会, 『内政関係者名簿』).
16) 1980년대에 비가열 혈액을 투여받은 혈우병 환자가 에이즈 바이러스에 감염되어 사회적 파문을 일으킨 '약해 에이즈 사건'이 대표적이다. 비가열 제제에 의한 HIV 감염의 약해 피해는 세계적으로 일어났으나, 일본에서는 전 혈우병 환자의 약 40퍼센트에 해당하는 1800명이 HIV에 감염되었고, 그중 600명 이상이 이미 사망했다. 이 사건은 1989년 재판이 시작되어 22년 만인 2008년 화해로 마무리되었다.
17) 「거대 공익법인 JAF의 '더블 낙하산인사 검은 이권 120억 엔'」, 『주간포스트』, 1996. 8. 16(「巨大公益法人JAFの「ダブル天下り」「裏利権120億円」」, 『週刊ポスト』).
18) 『정치학 사전』, 1959, 헤이본사 ; 『현대정치학 소사전』, 1978, 유히카쿠 ; 『현대정치학 사전』, 1991, 브레인 ; 『정치학 사전』, 2000, 고분도(『政治學事典』, 1959, 平凡社 ; 『現代政治學小辭典』, 1978, 有斐閣 ; 『現代政治學事典』, 1991, ブレーン ; 『政治學事典』, 2000, 弘文堂).
19) 「방위청과 대형 보험생명의 '낙하산 이권'은 이 정도로 심하다!」, 『주간포스트』, 1998. 10. 30(「防衛廳と大手生保の「天下りはここまでひどい!」, 『週刊ポスト』).
20) 다테카와 고지, 2002, 「도산 대형 종합 건설 회사의 관재인까지 장악한 낙하산인사 문제 체질」, 「정계』 12월호(舘澤貢次, 「倒産ゼネコンの管財人にまで収まる天下り問題體質」, 『政界』).
21) 『AERA』, 2005. 6. 30.
22) 『아사히신문(朝日新聞)』, 1992. 3. 28.
23) 「낙하산인사 연구 : 약한 기업일수록 관료에 의존한다」, 『아사히저널』, 1979. 11. 30(「天下りの研究 弱い企業ほど官僚をありがたがる」, 『朝日ジャーナル』).
24) 『아사히신문(朝日新聞)』, 1993. 12. 28.

25) 『주간현대(週刊現代)』, 1997. 4. 12.

26) 「'낙하산인사' 연구」, 『고쿠시칸법학』, 1990(「『天下り』の硏究」, 『國士舘法學』).

27) 「낙하산 관료 평가」, 『문예춘추』, 1985. 8(「天下り官僚品定め」, 『文藝春秋』).

28) 『아사히신문(朝日新聞)』 1989. 11. 27.

29) 야마나카 데쓰코, 1995. 5. 27, 「프랑스형 자본주의의 결함」, 『아사히신문』(山中啓子, 「フランス型資本主義の缺陷」, 『朝日新聞』).

30) 「대장성 해체신서 제3부 재취직할 수 없는 차관, 국장 ― 일본 '낙하산인사 천국' 최신 상황」, 『현대』, 1996. 12.호(「大藏省解體新書 〈第3部〉 再就職できない次官, 局長も ― ニッポン「天下り 天國」最新事情」, 『現代』).

31) 「'철의 삼각형' 미 군수계약의 정치학 3 : 낙하산 인맥을 추적한다」, 『아사히저널』, 1982. 2. 19(「「鐵의 三角形」米軍需契約の政治學 3 : 天下り・天上りの人脈を追う」, 『朝日ジャーナル』).

32) 『아사히신문(朝日新聞)』, 1993. 4. 24.

33) 『아사히신문(朝日新聞)』, 1990. 6. 7.

34) 『AERA』, 1995. 3. 13.

35) 『AERA』, 1995. 4. 17.

36) 『THEMIS』, 2000. 6.호

37) 『아사히신문(朝日新聞)』, 1995. 3. 18.

38) 『아사히신문(朝日新聞)』, 2010. 8. 31.

글을 마치며

이 책에서는 낙하산인사를 되도록 포괄적으로 소개하려고 했으며, 저널리즘적으로 최근 사례를 인용하기를 피했다. 민주당 정권 탄생에 의해서 낙하산인사를 둘러싼 상황이 새로운 국면을 맞이하였다는 것은 틀림없는 사실이다.

'탈관료 의존', '낙하산인사 근절'을 내걸며 '정치주도'를 소리 높여 외치는 민주당 정권이 발족하고 2개월이 지났다. 아직 평가를 하기에는 시기상조일지 모르나, 이미 위험한 지경에 이르렀다는 생각이 든다.

이 책에서 반복해서 언급해 온 것처럼 낙하산인사는 상황에 따라서 진화한다. 이것과 싸우기 위해서는 규제를 빠져나가려 하는 '위장된 낙하산인사'를 인내심을 갖고 감시함과 더불어 낙하산인사를 낳는 '구조적 요인'을 제거하는 수밖에 없다. 근본적인 공무원제도 개혁이 요구된다. 그리고 이것을 추진하기 위해서는 정치인도 단호한 자세를 지속적으로 보여야 한다.

그러나 일본우정 사장으로는 전직 대장성 사무차관인 사이토 지로가 취임했으며, 부사장 중 한 사람은 전 내각관방 부장관보였다. 민주당은 이 인사에 대해 낙하산인사가 아니라고 이런저런 이유를 내세우고 있지만, 후쿠다 내각이 제출한 무토 도시로 전 재무성 사무차관의 일본은행 총재 인사안을 낙하산인사라고 거부했던 것은 바로 야당 시절의 민주당이다. 완전히 모순이다.

게다가 큰 문제는 히라노 히로후미 관방장관이 2009년 11월 10일의 중의원 운영위원회 이사회에서 국가공무원의 낙하산 인사 알선을 금지하는 행정기관에 대해서 '각료, 부대신 등 정무 3역과 전직 관료는 해당하지 않는다'라는 견해를 보였다는 사실이다. 상세한 설명은 필요 없을 것이다. 분명히 말도 안 되는 소리이다. 정치주도라고 외치고 정치인이 부처의 총괄 책임자라고 하면서, 어째서 아무 권한도 없는 인사과장에 의한 알선은 낙하산인사고, 인사과장에 대한 인사권을 갖고 있는 정무 3역에 의한 알선은 괜찮다는 것인가?

'전직 관료에 의한 알선은 낙하산인사에 해당하지 않는다'는 견해는 더욱 심각하다고 생각한다. 민주당은 전직 관료에 의한 알선을 '보이지 않는 루트'라고 명명하여 이것을 비난해 왔다. 나는 전직 관료에 의한 재취직 알선은 거의 파악할 수 없으며, 직업 선택의 자유와 관련되는 문제이기 때문에 이것을 규제하는 것은 불가능하다고 판단해 왔는데, 완전히 말을 뒤집는 것을 보니 민주당에도 여당 의식과 현실주의가 싹텄다고 생각되는 한편으로 실망을 금할 수 없다. 역시 낙하산인사 문제 해결에는 우여곡절이 있을 것 같다.

이 책은 낙하산인사에 대해서 되도록 알기 쉽게 읽을 수 있도록 서술한 것이다. 더욱 상세하게 알고 싶은 이들은 졸저 『낙하산인사 연구天下りの研究』를 읽기 바란다.

나카노 마사시

옮긴이 후기

이 책은 나카노 마사시中野雅至 교수의 『「天下り」とは何か』講談社, 2009를 번역한 것이다. 다만, 종장의 '민주당 정권의 낙하산인사 대책 — 그 성과와 한계' 부분은 저자가 한국어판을 위해 원저 출간 이후의 변화를 집필하여 추가했다.

이 책은 제목에서 알 수 있듯이 일본의 '낙하산인사'에 관한 글이다. 그러나 독자들은 이 글을 읽으면서 한국의 낙하산인사에 대한 글이 아닌가 하는 착각을 일으킬지도 모르겠다. 한국과 일본은 다른 점도 많지만 비슷한 점도 많다. 중앙정부나 공공기관도 예전만큼은 아니지만 여전히 비슷한 점이 많아 보인다. 이 글에서 다루는 낙하산인사 관행 또한 그 가운데 하나이다.

우리나라에서는 언제부터 낙하산인사 관행이 태생하였는지, 어떤 경로로 정착되었는지, 어느 정도의 규모인지에 대한 체계적인 연구가 아직 부족하다. 낙하산인사에 관한 뉴스가 자주 입에 오르내리는 것을 생각하면 의외일 수도 있다. 한편

우리나라는 정치인 출신 혹은 대통령 선거운동 기여자의 낙하산인사가 유난히 자주 거론되며, 공무원 출신 낙하산인사는 상대적으로 덜 부각되는 것 같다. 이 글을 읽으면서 우리와는 비슷한 듯하면서도 다른 일본의 낙하산인사를 알게 될 것이다.

이 글은 일본의 낙하산인사에 대해 종합적이고 체계적으로 분석하고 있다. 그래서 이 글을 읽으면 우리가 지금까지 낙하산인사에 대해 갖고 있던 막연한 인상에서 벗어나, 조금은 선명하게 낙하산인사의 모습을 접하게 될 것이다.

저자는 국가공무원 출신의 교수로서 공무원개혁 작업에 참여한 바 있다. 따라서 저자는 낙하산인사와 그 개혁 과정을 옆에서 지켜본 연구자로서 매우 귀중한 경험을 갖고 있다. 그러한 배경이 실체를 파악하기 쉽지 않은 낙하산인사를 이 정도로 체계적으로 연구할 수 자산이 되었을 것이다.

저자는 일본에서 낙하산인사가 정착된 배경으로 조직퇴직 관행, 연차주의, 낮은 연금 수준을 들고 있다. 한마디로 일본의 낙하산인사는 퇴직 공무원의 재취업이며, 그런 의미에서 인사관리의 연장선이다. 한편 낙하산인사는 인맥을 통한 부당한 로비, 낙하산인사를 받아들인 조직의 활력 약화, 정·관·업 유착 등의 폐해가 적지 않다. 물론 저자는 낙하산인사가 갖고 있는 정·관·업 간의 정보교환 역할, 공무원의 충성심 유도, 공무원의 경험 활용 등의 유익을 지적하는 것도 잊지 않는다. 나아가 공무원에게도 직업 선택의 자유가 있기 때문에 재취업을 무조건 제약할 수만은 없다.

저자는 규제로 사람의 이동을 막는 방법이 아니라 자연스럽게 낙하산인사가 사라지도록 시스템을 만들어야 한다고 말한다. 정년까지 만족감을 갖고 일할 수 있는 직장 환경을 만들고, 연금 수준을 조금씩 향상시키며, 사회 전체적으로 노동시장의 유동성을 높여야 한다고 제언한다. 그리고 낙하산인사 근절을 위해서는 여론 조성 역시 매우 중요하다고 지적한다.

그러나 우리의 현실을 고려하면 공무원의 실질적 정년을 보장하거나 연금 수준을 올리는 것은 매우 지난한 일이다. 그리고 공무원의 낙하산인사보다는 정치인 출신이나 선거 기여자의 낙하산인사가 훨씬 국민의 눈총을 받고 있어 문제가 더욱 복잡하다. 따라서 그 해결을 위해서는 더욱 다각적인 방안이 모색되어야 할 것이며, 추진력도 더 많이 필요할 것이다.

최근 소위 '낙하산인사 방지법'이나 '낙하산인사 방지조례'가 발의되는 등 낙하산인사를 제한하기 위한 법적인 조치를 강구하려는 노력들이 보이고 있다. 이러한 법이나 조례는 주로 임명 대상자의 업무 관련성을 규정하는 내용을 담고 있다. 이는 우리나라에서 낙하산인사 문제가 정치인 출신 혹은 대통령 선거운동 기여자에 초점이 맞추어져 있기 때문일 것이다. 하지만 '업무 관련성'을 강조하게 되면 공무원 출신의 낙하산인사가 늘어날 가능성이 있다. 이 글에서 다루는 일본의 낙하산인사가 주로 공무원 출신의 낙하산인사이고 그 폐해가 적지 않음이 지적되는 것을 볼 때, 낙하산인사 방지책으로서 ‘업무 관련성’ 강조는 단편적인 대책일 수 있다. 물론 우리나라의 현 상황에서는 그러한 노력들이 분명 의미 있는 일임에 동의한다. 그러나 동시에 좀 더 근본적인 낙하산인사 관련 대책들이 논의되어야 할 필요가 있다.

일본은 오랫동안 낙하산인사에 대한 대응책을 마련하려고 했지만 여전히 미흡한 상태이다. 이를 보면 우리의 낙하산인사에 대한 대응책도 간단한 일이 아님을 짐작할 수 있다. 우선은 이 글을 통해 우리의 낙하산인사에 대한 관심이 높아지기를 기대하며, 종합적이고 체계적인 연구가 나오기를 바란다. 무조건적 비판이 아니라 현실을 직시하면서 낙하산인사에 대한 장기적인 대응책이 강구되기를 기대한다.

2014년 4월

옮긴이를 대표하여 임성근

낙하산인사

초판 1쇄 발행 2014년 5월 13일

지은이 | 나카노 마사시
옮긴이 | 임성근 · 안창현

펴낸이 | 고화숙
펴낸곳 | 도서출판 소화
등록번호 | 제13-412호
주소 | 서울시 영등포구 버드나루로 69
전화 | 02-2677-5890
팩스 | 02-2636-6393
홈페이지 | www.sowha.com

ISBN 978-89-8410-457-0 93350

값 13,000원

이 도서의 국립중앙도서관 출판시도서목록(CIP)은 서지정보유통지원시스템 홈페이지(http://seoji.nl.go.kr)와 국가자료공동목록시스템(http://www.nl.go.kr/kolisnet)에서 이용하실 수 있습니다. (CIP제어번호 : CIP2014014101)